Flaggen
dieser Welt

K. L. Jott

Flaggen
dieser Welt

EDITION XXL

Inhalt

Vorwort	9
Europa	14
Afrika	48
Amerika	78
Asien	108
Australien/Ozeanien	134
Internationale Organisationen	144
Glossar	146

Zur Information: Bei nicht lateinischen Schriften wie Arabisch, Chinesisch usw. wurde der Name des Staates in die lateinische Schreibweise übertragen.

Vorwort

Was ist eine Flagge?

Das Wort Flagge stammt aus dem Englischen und bezeichnet ein aus Stoff gefertigtes, meist rechteckiges Zeichen, das die Zugehörigkeit zu einer Körperschaft, besonders zu einem Staat, erkennen lässt. Heute gehören Flaggen so zu unserem Alltag, dass wir sie oft gar nicht beachten. Ob im Fernsehen, bei Sportveranstaltungen, Demonstrationen, an öffentlichen Gebäuden und Schiffen – Flaggen sind überall und sie haben eine Botschaft: Sie drücken Zugehörigkeit aus, ob zu einem Fußballteam oder einer Nation.

Flaggen haben eine lange Geschichte, auf die wir hier kurz eingehen. Im Anschluss stellen wir über 200 Flaggen mit Bild und Information zur Geschichte des Landes und seiner Flagge vor. Heute gibt es 192 von der UN anerkannte souveräne Staaten. Dazu kommen noch mehrere Dutzend Länder, die nach wie vor um die Anerkennung ihrer Souveränität kämpfen, und andere, die noch heute Kronkolonien der früheren Herrschermächte sind, aber einen gewissen Grad an Selbstverwaltung erreicht haben.

Ursprung der Flaggen

Der Ursprung der Flaggen bzw. ihrer Vorgänger geht weit zurück. Schon vor über 5000 Jahren wurde mithilfe von grafischen Symbolen angezeigt, wenn sich bedeutende Persönlichkeiten oder gar Götter an einem bestimmten Ort aufhielten. Man weiß von den Ägyptern, dass sie schon im 12. Jahrhundert vor Christi flaggenähnliche Tücher an Stangen benutzten, um die verschiedenen Abteilungen ihrer Truppen kenntlich zu machen. Vor allem durch Handel und Kriege bekamen diese Symbole immer größere Wichtigkeit und sie wurden verstärkt dazu eingesetzt, Nationen erkennbar zu machen.

Flaggen in der Schifffahrt

Auf See war es besonders wichtig, auch auf größere Entfernung und außerhalb der Rufweite zu erkennen, wem das entgegenkommende Schiff zugehörte, ob es Freund oder Feind war. Vermutlich waren die Wikinger die ersten Seeleute, die symbolische Darstellungen auf den Segeln zeigten, die sich später zu Flaggen wandelten. Es war übrigens in Kriegszeiten erlaubt, eine neutrale Flagge auf See zu setzen, um die Gegner zu verwirren. Das gleiche Gesetz verbot aber, unter einer falschen Flagge einen Angriff zu starten. Daher musste im Ernstfall die falsche Flagge ganz schnell eingeholt und durch die richtige ersetzt werden. Diese Praxis wurde vor allem von Piraten und Freibeutern genutzt, die über die Meere fuhren mit dem Ziel, andere Schiffe zu erobern und auszuplündern.

Vorwort

Wohl jeder kennt die berühmte schwarze Flagge mit dem weißen Totenkopf über den gekreuzten Knochen. Sie war natürlich nur eine von vielen Piratenflaggen, hat sich aber in ihrer gruseligen Einfachheit eingeprägt.

Auf See wurden und werden Flaggen aber nicht nur zur gegenseitigen Identifikation genutzt, sondern auch zur Kommunikation mit Signalen. Es gab schon Anfang des 18. Jahrhunderts ein erstes Signalbuch, aus dem sich in den darauf folgenden 150 Jahren ein immer besseres System von allgemein verständlichen Signalen entwickelte. Heute gibt es ein Signalbuch mit Signalflaggen für jeden einzelnen Buchstaben und jede Zahl von 0 bis 9. Jede Flagge, die einem Buchstaben zugeordnet ist, hat darüber hinaus noch eine Bedeutung, z. B. „Mann über Bord".

Heute ist international geregelt, dass Schiffe die Flagge des Landes zeigen müssen, in dem sie registriert sind; das gilt insbesondere für Handels- und Kriegsschiffe, ist aber auch bei privaten Yachten ganz üblich geworden.

Flaggen auf dem Schlachtfeld

Auch auf den Schlachtfeldern an Land spielten Flaggen eine bedeutende Rolle, denn auch hier dienten sie der Identifizierung der kämpfenden Truppen. Darüber hinaus entwickelte sich eine Unzahl an Militärflaggen, die die verschiedenen Ränge der Soldaten erkennbar machten. Damit die Flaggen der verschiedenen Truppen auch auf große Entfernung erkennbar waren, schmückte man die Spitze der Fahnenstange mit einem so genannten Vexilloid, oft eine Tierdarstellung. Schon die Römer verwendeten den Adler als Vexilloid.

Besondere Bedeutung bekamen Flaggen bei den Kreuzzügen der christlichen Europäer, die Anfang des 11. Jahrhunderts begannen. Die meisten trugen ein großes Kreuz auf ihren Flaggen und auch ihre Umhänge waren mit Kreuzen verziert. Je nach Land unterschieden sich die Farben der Kreuze: Die Kreuzfahrer Frankreichs und Spaniens trugen Rot, die Engländer Weiß, die Italiener Blau. Der Gedanke, der all diese Völker einte, war die Befreiung des Heiligen Landes von den Moslems. Einige moderne Flaggen gehen auf die Flaggen der Kreuzfahrer zurück, beispielsweise die von Dänemark und England.

Flaggen heute

Die erste moderne Flagge ist die der Niederlande. Sie geht auf das 16. Jahrhundert zurück und war ursprünglich orange-weiß-blau. Die einfache horizontale Trikolore wurde Vorläufer für viele ähnliche Flaggen.

Andere Flaggen basieren auf den Symbolen des Schutzpatrons des entsprechenden Landes. Englands rotes rechtwinkliges Kreuz auf weißem Grund gehört zum Schutzpatron St. Georg. Die schottische Flagge besteht aus dem diagonalen weißen Kreuz von St. Andrew.

Symbolik der Farben

Farben sind ein besonders starkes Ausdrucksmittel auf den heutigen Flaggen, und manche Farben haben in vielen Ländern die gleiche oder zumindest eine ähnliche Bedeutung:

Rot wird häufig mit Blut und Kampf und Opfern assoziiert. Sie steht aber auch oft für Mut und Revolution. Besondere Bedeutung bekam die Farbe Rot im neuen Sowjetrussland, wo sie für Revolution und Sozialismus stand.

Weiß steht für Reinheit, Unschuld und Frieden – womit es praktisch der Gegenpol zu Rot ist. In manchen Flaggen symbolisiert es auch einfach nur große Schneelandschaften oder Eisberge.

Blau steht häufig für Gerechtigkeit, auch oft für Frieden. Manchmal symbolisiert es auch das Meer oder den Himmel.

Grün steht meistens für die Erde; außerdem symbolisiert es die Fruchtbarkeit eines Landes. Darüber hinaus ist Grün aber auch die Farbe des Islam, die Lieblingsfarbe des Propheten Mohammed, was ihr natürlich in den meisten islamischen Ländern eine andere Bedeutung gibt.

Gelb symbolisiert oft Reichtum, denn es ist die Farbe des Goldes. Aber Gelb ist auch die Farbe der Sonne und häufig stellt es diese dar.

Schwarz ist die Farbe Afrikas und weist oft auf das Erbe eines Volkes hin. Außerdem steht Schwarz häufig für eine dunkle Vergangenheit und die Überwindung von Feinden.

Farbkombinationen

Die Kombination von Rot, Weiß und Blau steht für Freiheit. Diese Deutung basiert auf der französischen Trikolore, auf der zahlreiche andere Flaggen dieser Welt basieren. Auf denselben Farben basiert auch die Flagge der USA, die vom Volk gewählt worden ist und somit die erste Flagge war, die mehr das Volk vertrat als die Regierenden des Landes. Sie wurde als „Stars and Stripes" Vorbild für zahlreiche andere Flaggen von Ländern, die nach Demokratie strebten. Ebenfalls in Rot-Weiß-Blau präsentiert sich die Familie der „Union Jack". Die Flagge Großbritanniens kombiniert das rote Kreuz auf weißem Grund der englischen Flagge mit dem weißen diagonalen Kreuz auf blauem Grund der schottischen Flagge und dem irischen St.-Patricks-Kreuz. Der Union Jack steht in den meisten Flaggen der britischen Überseeterritorien im Gösch.

Die panafrikanischen Farben Rot, Schwarz, Grün und Gelb zieren viele Flaggen der unabhängigen Staaten in Afrika. Sie basieren auf den Farben einer amerikanischen Organisation, die sich Anfang des 20. Jahrhunderts bemühte, gebürtige Afrikaner, die nach Amerika verschleppt worden waren, wieder nach Afrika zurückzubringen. Zum ersten Mal wurden sie in einer Flagge 1957 verewigt: Aus der britischen Kolonie Goldküste wurde das unabhängige Land Ghana.

In vielen Ländern Südamerikas sieht man Variationen der Miranda-Flagge. Sie hat ihren Namen von dem Freiheitskämpfer Francisco de Miranda, der einer der Vorreiter im Freiheitskampf gegen die lange Vorherrschaft von Spaniern und Portugiesen war. Die drei gleich breiten Balken symbolisieren die Trennung der neuen Welt (gelb) durch den Ozean (blau) von der Tyrannei der Spanier (rot).

Viele arabische Länder zeigen übereinstimmende Farben auf ihren Flaggen. Das kommt daher, dass Schwarz und Weiß die Farben des Propheten sind und Grün für den Islam steht. Diese drei so genannten panarabischen Farben stehen allgemein für die großen Taten des Moslems (weiß), die Kämpfe (schwarz) und die Schwerter (rot) und Grün für die Felder.

Die panslawistischen Farben Rot, Blau und Weiß basieren auf der Flagge der Niederlande, die, wie schon oben gesagt, als erste Flagge Europas gilt. Der russische Zar Peter der Große zeigte sich außerordentlich beeindruckt von der Klarheit und Schlichtheit dieser Flagge und übernahm die Gestaltung und die Farben für seine Handelsflagge – nur die Reihenfolge der Farben wechselte er zu Weiß, Blau und Rot.

Wertigkeit und Gebrauch von Flaggen

Heute gibt es eine wahre Etikette im Gebrauch von Flaggen. Grundsätzlich sind alle Flaggen der 192 unabhängigen, allgemein anerkannten Staaten dieser Welt gleichwertig – egal, ob das Land arm oder reich ist. Entsprechend müssen Flaggen so gesetzt werden, dass sich kein Land benachteiligt fühlt. Kommen viele Flaggen zusammen, ordnet man sie am besten kreisförmig an.

Grundsätzlich müssen Flaggen mit Respekt behandelt werden, da sie für einen Staat und seine Bewohner stehen. Manche Nationen haben eigene Regeln für den Gebrauch ihrer Flaggen aufgestellt, die nicht international anerkannt sind. Andere Länder, zum Beispiel Großbritannien, haben kein eigenes Regelwerk für den Gebrauch des Union Jack erstellt, obwohl er auf zahlreichen Flaggen auf der Welt abgebildet ist. Die USA hingegen haben einen Katalog mit Regeln für den Umgang mit der Nationalflagge erstellt.

Allgemein gilt, dass Flaggen nur von Sonnenaufgang bis Sonnenuntergang gehisst werden. Manchmal richten sich die Zeiten auch nach den Arbeitszeiten der Mitarbeiter in den Regierungsgebäuden, an denen die Flaggen gehisst werden. Die Flaggen sollen so gesetzt sein, dass sie fliegen und sich nicht um den Flaggenmast wickeln. Die Größe der Flagge richtet sich grundsätzlich nach dem Anlass, zu dem sie gehisst wird. Flaggen sollten in einem guten Zustand sein, nicht ausgebleicht oder verschlissen.

Häufig sieht man, wie Flaggen auf halbmast gesetzt werden. Das geschieht bei Staatstrauer oder einem Staatsbegräbnis. Manche Länder versehen die Flagge zusätzlich noch mit einem Trauerflor oder lassen sie zusammengebunden, damit sie nicht fliegen kann.

Flaggen von Organisationen und im Sport

International tätige Organisationen wie u. a. die UN, NATO, EU und nicht politische Organisationen wie das Rote Kreuz haben ebenfalls Flaggen, um ihre Anwesenheit in einem Land auszudrücken oder ihre internen Zusammenkünfte. Die berühmteste Flagge im Sport ist sicher die Olympiaflagge, die 1914 entworfen wurde. Der weiße Grund symbolisiert Frieden und brüderlichen Umgang. Der blaue Ring steht für Europa, der schwarze für Afrika, der rote für Amerika, der gelbe für Asien und der grüne für Australien.

Doch auch jeder Fußballverein hat seine eigene Flagge, und spätestens im Fußballstadion sind Flaggen heute deutlicher Ausdruck einer stark empfundenen Zugehörigkeit.

Europa wird aufgrund seiner geschichtlichen Entwicklung als selbstständiger Kontinent betrachtet, obwohl er streng genommen ein Subkontinent von Asien ist.

Europa ist der zweitkleinste Kontinent mit 10,5 Millionen km². Mit 730 Millionen Einwohnern steht er an dritter Stelle nach Asien und Afrika. 75 % der Bevölkerung sind Christen, etwa 8 % Muslime. Europa besteht aus 44 unabhängigen Staaten; der größte ist Russland, der kleinste Vatikanstadt. Die größte Stadt ist Moskau mit 14,4 Millionen Einwohnern.

Geprägt wurde Europa vor allem durch die griechische Kultur, das Römische Reich und das Christentum.

Im 20. Jahrhundert fanden große Veränderungen in Europa statt: durch zwei Weltkriege, den Aufstieg und Fall des Kommunismus, die Tendenz zur Einzelstaatlichkeit und die gegenläufige Bewegung der EU, die eine wirtschaftliche Vereinigung erreichen will. Seit 1990 ist die Zahl von unabhängigen Staaten in Europa von 34 auf 44 gestiegen.

Es gibt keine natürliche geografische Grenze zwischen Europa und Asien, und die Grenzziehung wird immer wieder diskutiert. Heute wird sie durch Ural, Uralfluss, Kaspisches Meer und Asowsches Meer bestimmt, zu Vorderasien sind es Schwarzes Meer und Bosporus. Russland liegt nur zu einem Viertel in Europa. Da dieses Viertel als das historische Kernland gilt und dort 75 % der Bevölkerung leben, finden Sie Russland im Kapitel Europa.

EUROPA

Albanien

Ldspr.: Shqipëria (Albanisch)
Engl.: Albania
Franz.: Albanie
Span.: Albania

Republik Albanien

Hauptstadt: Tirana
Fläche: 28 748 km²
Einwohner: 3 000 000
Sprachen: Albanisch (Amtssprache); Griechisch, Mazedonisch
Währung: Lek

Mitglied: OSZE, UNO
Wirtschaft: Erdöl, Metalle, Agrarprodukte, Textilien und Schuhe

Ein schwarzer Doppeladler war das Familienzeichen des Nationalhelden Skanderberg, der im 15. Jahrhundert den Freiheitskampf gegen die Türken führte. Dieser Adler – auf rotem Grund – ziert auch heute noch die Flagge Albaniens. Laut einer Legende stammen die Albaner selbst von Adlern ab. Nach dem Zweiten Weltkrieg wurde der kommunistische Stern oberhalb des Adlers platziert, 1992 aber wieder entfernt. 1992 wurde die Flagge in ihrer heutigen Form eingeführt.

Andorra

Ldspr.: Andorra (Katalanisch)
Engl.: Andorra
Franz.: Andorre
Span.: Andorra

Fürstentum Andorra

Hauptstadt: Andorra la Vella
Fläche: 467,76 km²
Einwohner: 66 000
Sprachen: Katalanisch (Amtssprache); Spanisch, Französisch

Währung: Euro
Mitglied: OSZE, UNO
Wirtschaft: Hauptwerbszweig ist der Fremdenverkehr; Exportgüter sind Transportgeräte, optische und andere Instrumente; Hauptexportland ist Spanien.

Andorra gehört zu den ältesten Staaten der Welt. Ursprünglich hatte die Flagge einen gelben und einen roten Streifen; diese wiesen auf die Wappen der Grafen von Foix und deren Erben, die Grafen von Béarn, hin. Napoleon III. fügte 1866 den blauen Streifen hinzu. Die Felder im Wappen stehen für die Landesherren: die Bischofsmütze für den Bischof von Urgel, drei Pfähle für den Bischof von Foix, vier Pfähle für Katalonien und die Kühe für den Grafen von Béarn.

Belgien

Königreich Belgien

Hauptstadt: Brüssel
Fläche: 32 545 km²
Einwohner: 10 376 000
Sprachen: Niederländisch, Französisch, Deutsch
Währung: Euro
Mitglied: EU, NATO, OECD, OSZE, UNO, WEU
Wirtschaft: Export und Import konzentrieren sich stark auf die anderen EU-Länder. Wichtigste Handelsgüter: Chemische Produkte, Metall und Metallwaren, Maschinen und Apparate

Die belgische Flagge mit ihrer vertikalen Trikolore basiert auf der französischen Flagge. Die Farben allerdings basieren auf den Flaggenfarben der Provinzen Brabant (ein Löwe auf schwarzem Grund), Flandern (ein Löwe auf goldenem Grund) und Hennegau (schwarze und rote Löwen auf Gold). Die Flagge wurde 1830 eingeführt, als das unabhängige Königreich Belgien gegründet wurde. Sie hatte aber schon 1792 bei Aufständen gegen die habsburgischen Besatzer geweht.

Ldspr.: Belgie (Niederländisch)
Engl.: Belgium
Franz.: Belgique
Span.: Bélgica

Bosnien

Bosnien-Herzegowina

Hauptstadt: Sarajevo
Fläche: 51 129 km²
Einwohner: 4 140 000
Sprachen: Bosnisch, Kroatisch, Serbisch
Währung: Konvertible Mark
Mitglied: OSZE, UNO
Wirtschaft: Das Wirtschaftsleben ist durch den Krieg immer noch beeinträchtigt. Exportiert werden bearbeitete Waren, Fertigwaren, Rohstoffe und Maschinen.

Die Flagge von Bosnien und Herzegowina wurde im Februar 1998 durch den Sicherheitsrat der UN eingeführt. Die Farben Dunkelblau und Gelb und die Sterne sind der Europaflagge entliehen. Das gelbe Dreieck symbolisiert die Form des Landes; darüber hinaus steht es für die drei Bevölkerungsgruppen Bosnier, Serben und Kroaten. Die zwei Gebietseinheiten Bosniakisch-kroatische Föderation (51 %) und die Serbische Republik (49 %) haben jeweils eigene Landesflaggen.

Ldspr.: Bosna i Hercegovina
        (Bosnisch, Kroatisch)
Engl.: Bosnia and Herzegovina
Franz.: Bosnie-Herzégovine
Span.: Bosnia y Herzegovina

EUROPA

Bulgarien

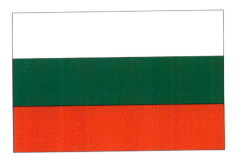

Ldspr.: Balgarija
Engl.: Bulgaria
Franz.: Bulgarie
Span.: Bulgaria

Republik Bulgarien

Hauptstadt: Sofia
Fläche: 110 994 km²
Einwohner: 7 823 000
Sprache: Bulgarisch
Währung: Lewa
Mitglied: NATO, OSZE, UNO, WEU (ass. Partner)

Wirtschaft: Maschinen, Halbfabrikate, Tabak, Wein, Chemikalien

1908 wurde Bulgarien ein unabhängiges Königreich. 1946 wurde die Monarchie abgeschafft und eine Volksrepublik ausgerufen. Der weiße Streifen war vorübergehend mit einem Löwen, dem Roten Stern und einem Zahnrad geschmückt. Nach dem Zusammenbruch des Kommunismus 1990 wurden diese Symbole entfernt. Weiß steht für Liebe zum Frieden und Arbeit, Grün für die Fruchtbarkeit des Bodens und die Treue zur Heimat und Rot für die Tapferkeit des Volkes.

Dänemark

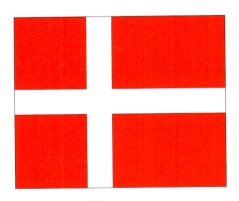

Ldspr.: Danmark
Engl.: Denmark
Franz.: Danemark
Span.: Dinamarka

Königreich Dänemark

Hauptstadt: Kopenhagen
Fläche: 43 096 km²
Einwohner: 5 387 000
Sprache: Dänisch
Währung: Dänische Krone

Mitglied: EU, NATO, OECD, UNO, WEU (Beobachter)
Wirtschaft: Schiffs-, Anlagen- und Maschinenbau

Die Flagge Dänemarks ist vermutlich das älteste nationale Flaggensymbol der Erde. Laut einer Legende sah König Waldemar II. bei der Schlacht gegen die Esten 1219, wie das „Danebrog" (Dänentuch) vom Himmel fiel. Dadurch angespornt gewannen die Dänen die Schlacht. Möglicherweise basiert das Grundmuster auf der roten Kriegsfahne mit dem weißen Kreuz des Christentums. Ursprünglich teilte das Kreuz die Flagge in vier gleich große Teile; erst später wurde der senkrechte Balken verschoben. Die Außengebiete Färöer und Grönland haben jeweils eigene Flaggen.

Deutschland

Bundesrepublik Deutschland

Hauptstadt: Berlin
Fläche: 357 030 km²
Einwohner: 82 541 000
Sprache: Deutsch
Währung: Euro
Mitglied: EU, G-8, NATO, OECD, OSZE, UNO, WEU

Wirtschaft: Kfz und -teile, Maschinen, Chemische Produkte, Elektronik

Ldspr.: Deutschland
Engl.: Germany
Franz.: Allemagne
Span.: Alemania

Die Farben der deutschen Trikolore basieren auf den Farben der Uniform der Soldaten aus den Zeiten der Befreiungskriege (schwarze Uniform mit roten Vorstößen und gelben Knöpfen). Im Mittelalter waren die deutschen Flaggfarben Schwarz-Gelb und Rot-Weiß gewesen. Bei der Reichsgründung 1871 wurde die erste deutsche Nationalflagge schwarz-weiß-rot. Die Weimarer Republik führte die Farben Schwarz, Rot und Gold offiziell nach dem 1. Weltkrieg ein. Seit 1949 ist die Trikolore die Flagge Deutschlands. Die 16 Bundesländer haben alle eigene Landesflaggen.

Flagge des Deutschen Reiches (1871–1918)

Sie wurde 1867 von Bismarck eingeführt. Schwarz und Weiß waren die Farben von Preußen, Rot die Farbe von Brandenburg.

Bundesdienstflagge

Neben der Bundesflagge (oben) existiert noch die Dienstflagge der Bundesbehörden. Die Bundesdienstflagge ist Symbol des Bundes und darf ausschließlich von Bundesinstitutionen verwendet werden.

Flagge der DDR von 1949 bis 1989. 1959 setzte man das Wappen mit Hammer, Zirkel und Ährenkranz ins Zentrum. Das Wappen lehnte sich an die Flagge der Sowjetunion an.

EUROPA

Baden-Württemberg

Fläche: 35 751 km²
Einwohner: 10 717 419
Hauptstadt: Stuttgart

Die schwarz-gelbe Flagge von Baden-Württemberg wurde 1952 eingeführt. Die Farben basieren auf den Farben der Bundesstaaten Baden (Gelb und Rot) und Württemberg (Schwarz und Rot) und dem Wappen der Staufer, das drei schwarze Löwen auf goldenem Grund zeigt. Schwaben war das Hauptland des Herrschergeschlechts der Staufer.

**Bayern –
Freistaat Bayern**

Fläche: 70 549 km²
Einwohner: 12 443 893
Hauptstadt: München

Die Farben Weiß (bzw. Silber) und Blau sind schon seit Anfang des 12. Jahrhunderts sowohl die Farben der Wittelsbacher als auch die Farben Bayerns. Auch das Rautenmuster ist schon seit dem 12. Jahrhundert bekannt. Es stammt aus der Heraldik der Grafen von Bogen. Die bayerische Staatsflagge gibt es sowohl in einer Ausführung mit Streifen als auch einer mit Rauten.

Berlin

Fläche: 891 km²
Einwohner: 3 387 828

Die Berliner Flagge zeigt den schwarzen Bären auf einem weißen Wappenschild. Der Bär wurde schon 1280 erstmals auf einem Siegel verewigt. Vermutlich geht die Wahl des Bären auf die Person Albrechts des Bären zurück, der im 12. Jahrhundert die Mark Brandenburg gründete. Oberhalb und unterhalb des weißen Bandes sind rote Bänder; Rot und Weiß sind die traditionellen Farben Brandenburgs.

Brandenburg

Fläche: 29 477 km²
Einwohner: 2 567 704
Hauptstadt: Potsdam

Die Landesfarben von Brandenburg sind dem Wappen des ehemaligen Herrschergeschlechts (Kurfürsten von Brandenburg) entnommen. Der Adler geht vermutlich auf Otto I., den Sohn des Gründers der Brandenburg, zurück. Er ist vermutlich an den deutschen Königsadler angelehnt.

Deutschland und die Bundesländer

Bremen – Freie Hansestadt Bremen

Fläche: 404 km²
Einwohner: 663 213

Die rot-weiße Flagge von Bremen basiert auf den Wappenfarben von Bremen und den Farben der Hanse. Schiffe in Bremen übernahmen sie von den Farben der kaiserlichen Kriegsfahne – ein weißes Kreuz auf rotem Grund. Seit 1336 zeigt das Wappen den Schlüssel des Petrus, der der Schutzheilige Bremens ist.

Hamburg – Freie und Hansestadt Hamburg

Fläche: 755 km²
Einwohner: 1 734 830

Die Flagge der Freien und Hansestadt Hamburg zeigt eine weiße Burg auf rotem Grund. Die Burg ist entweder die Hammaburg, die von Karl dem Großen 808 erbaut wurde, oder aber sie stellt die befestigte Stadt dar mit dem Turm des Doms, der der Jungfrau Maria gewidmet ist. Schon 1241 war diese Burg auf einem Siegel dargestellt.

Hessen

Fläche: 21 114 km²
Einwohner: 6 097 765
Hauptstadt: Wiesbaden

Die Farben Rot und Weiß basieren auf den Farben der Erzbischöfe von Mainz. Der Löwe ist ursprünglich das Wappentier von Thüringen, zu dessen Landgrafschaft Hessen bis 1247 gehörte.

Mecklenburg-Vorpommern

Fläche: 23 174 km²
Einwohner: 1 719 653
Hauptstadt: Schwerin

Die Flagge ist in den Farben Blau, Weiß, Gelb und Rot gehalten. Blau und Weiß stehen für Pommern, Blau, Gelb und Rot sind die Farben Mecklenburgs. Der Ochsenkopf ist schon seit dem 13. Jahrhundert im Wappen von Mecklenburg, der Greif ist das Wappentier der pommerschen Herzöge.

EUROPA

Niedersachsen

Fläche: 47 618 km²
Einwohner: 8 000 909
Hauptstadt: Hannover

Die Flagge zeigt die deutsche Trikolore mit einem roten Wappen, auf dem ein weißes Ross steht. Das weiße Ross (Sachsenross der Welfen) stammt aus dem Wappen der Herzöge von Braunschweig. 1949 beschloss man, das Wappen mit den Farben der Bundesflagge zu unterlegen, da eine Kombination der traditionellen Landesfarben zu einer kunterbunten Flagge geführt hätte.

Nordrhein-Westfalen

Fläche: 34 083 km²
Einwohner: 18 075 352
Hauptstadt: Düsseldorf

Die Flaggenfarben Grün, Weiß und Rot basieren auf den Farben der ehemaligen preußischen Provinz Rheinland (Grün und Weiß) und Westfalen (Rot und Weiß). Außerdem finden sie sich im Wappen, das einen Schild in diesen Farben darstellt. Die linke Hälfte symbolisiert das Rheinland, das Pferd rechts steht für Westfalen. Die Rose kommt aus dem Wappen des Fürstentums Lippe.

Rheinland-Pfalz

Fläche: 19 847 km²
Einwohner: 4 061 105
Hauptstadt: Mainz

Die Flagge zeigt die deutsche Trikolore mit einem Wappen oben links. Die Farben Schwarz, Rot und Gold leiten sich aus dem Wappen von Rheinland-Pfalz ab. Das Wappen verbindet die Wappen von drei mittelalterlichen Kurstaaten: Das rote Kreuz steht für das ehemalige Kurfürstentum Trier, das weiße Rad für das Erzbistum Mainz und der goldene Löwe stammt von den Pfalzgrafen.

Saarland

Fläche: 2 568 km²
Einwohner: 1 056 417
Hauptstadt: Saarbrücken

Die Flagge des Saarlandes ist ebenfalls schwarz-rot-gold und ihre Besonderheiten findet man im Wappen. Jeder Teil des Wappens zeigt die heraldischen Symbole ehemaliger Landesteile: Der silberne Löwe steht für Nassau-Saarbrücken, das Kreuz für Trier, der goldene Löwe für Pfalz-Zweibrücken und die Adler für Lothringen.

Deutschland und die Bundesländer

Sachsen – Freistaat Sachsen

Fläche: 18 413 km²
Einwohner: 4 296 284
Hauptstadt: Dresden

Weiß und Grün sind die traditionellen Farben von Sachsen. Das gold-schwarze Balkenmuster stammt aus dem Wappen Anhalts. Der Ehrenkranz war ursprünglich ein Lorbeerkranz und stammt aus dem Wappen der sächsischen Herzöge aus dem 13. Jahrhundert.

Sachsen-Anhalt

Fläche: 20 445 km²
Einwohner: 2 494 437
Hauptstadt: Magdeburg

Die Farben Gold und Schwarz haben ihren Ursprung im mittelalterlichen sächsischen Wappenschild. In der Mitte der Flagge befindet sich ein zweigeteiltes Wappen: Das obere Feld zeigt das Wappen Sachsens, in dessen oberer rechter Ecke der preußische Adler abgebildet ist. Die untere Hälfte zeigt das Wappen des Freistaates Anhalt von 1924.

Schleswig-Holstein

Fläche: 15 763 km²
Einwohner: 2 828 760
Hauptstadt: Kiel

Die Farben Blau, Weiß und Rot setzen sich aus den Landesfarben Blau und Gelb für das Herzogtum Schleswig, Weiß und Rot für Holstein zusammen. Die zwei blauen Löwen stammen aus dem dänischen Wappen; das Holsteiner Nesselblatt stammt vermutlich aus dem Wappen der Schauenburger.

Thüringen – Freistaat Thüringen

Fläche: 16 172 km²
Einwohner: 2 355 280
Hauptstadt: Erfurt

Die Flaggenfarben Weiß und Rot bestehen seit 1920, als Thüringen aus mehreren kleinen Staaten geschaffen wurde. Ein Löwe ziert schon seit dem 13. Jahrhundert das Wappen der Landgrafen von Thüringen. Die acht Sterne im Wappen repräsentieren die Teilländer im Gründungsjahr und die ehemaligen preußischen Gebiete, die 1945 dazukamen.

EUROPA

Estland

Ldspr.: Eesti
Engl.: Estonia
Franz.: Estonie
Span.: Estonia

Republik Estland

Hauptstadt: *Tallinn*
Fläche: *45 227 km²*
Einwohner: *1 353 000*
Sprache: *Estnisch*
Währung: *Estnische Krone*

Mitglied: *EU, NATO, OSZE, UNO, WEU (Beobachter)*
Wirtschaft: *Viehwirtschaft und Fischfang*

Die estnische Flagge wurde 1881 von einer Studentenbewegung ins Leben gerufen und 1918, als Estland Unabhängigkeit von Russland erlangte, zur Nationalflagge. Der blaue Streifen steht für den Himmel und Loyalität; der schwarze Balken steht für die dunkle Erde des Landes und die traditionelle schwarze Kleidung der Bauern. Der weiße Streifen steht für den Schnee und symbolisiert außerdem den Wunsch nach Frieden und Freiheit.

Färöer

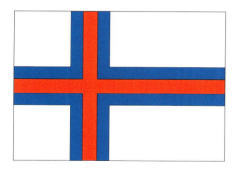

Ldspr.: Føroyar (Färöisch)
Engl.: Faeroe Islands
Franz.: Iles Féroé
Span.: Islas Feroe

Färöer

Hauptstadt: *Thórshavn*
Fläche: *1 398,9 km²*
Einwohner: *48 353*
Sprachen: *Färöisch, Dänisch*

Währung: *Kronur*
Zugehörigkeit: *Dänemark*
Wirtschaft: *Exportiert werden vor allem Schiffe, Fisch und Fischprodukte.*

Färöer besteht aus 18 Inseln, von denen 17 bewohnt sind. Seit 1948 ist es ein autonomes Gebiet mit einem eigenen Parlament und zwei Abgeordneten im dänischen Parlament. Seine Bewohner sind Nachkommen der Wikinger. Das Gebiet gehört schon seit dem 14. Jahrhundert zu Dänemark. Die Farben der Flagge und die Form des Kreuzes orientieren sich an der norwegischen Flagge. Ein rotes, blau eingefasstes Kreuz steht auf weißem Grund. Rot und Blau sind traditionelle Farben der Färöer, Weiß steht für den Himmel und die Wellen.

Finnland

Republik Finnland

Hauptstadt: Helsinki
Fläche: 338 144 km²
Einwohner: 5 212 000
Sprachen: Finnisch, Schwedisch
Währung: Euro

Mitglied: EU, OECD, OSZE, UNO, WEU (Beobachter)
Wirtschaft: Holz, optische Ausrüstungen, Papier und Papierprodukte

Der weiße Grundton der finnischen Flagge symbolisiert die riesigen Schneelandschaften und das Blau steht für den Himmel und die zahlreichen Seen (über 60 000!). Bevor die Flagge 1918 in der heutigen Form eingeführt wurde, hatte es verschiedene Variationen gegeben, die aber immer auf den Farben Weiß und Blau basierten. Die Form des Kreuzes weist auf die Zugehörigkeit Finnlands zu den nordischen Staaten hin.

Ldspr.: Suomi (Finnisch)
          Finland (Schwedisch)
Engl.: Finland
Franz.: Finlande
Span.: Finlandia

Frankreich

Republik Frankreich

Hauptstadt: Paris
Fläche: 543 965 km²
Einwohner: 59 762 000
Sprache: Französisch
Währung: Euro

Mitglied: EU, G-8, NATO, OECD, OSZE, UNO, WEU
Wirtschaft: Tourismus, Halbfertigwaren, Konsumgüter, Nahrungsmittel

Die französische Trikolore gibt es seit 1848. Rot und Blau sind die Farben von Paris; Weiß ist die Farbe des Hauses von Bourbon und wird sowohl mit der Jungfrau Maria als auch mit der Nationalheldin Jeanne d´Arc in Verbindung gebracht. Außerdem stehen die Farben für die Ziele der Französischen Revolution: Freiheit, Gleichheit und Brüderlichkeit. Während der Französischen Revolution entstand die Farbkombination zum ersten Mal.

Ldspr.: France
Engl.: France
Span.: Francia

EUROPA

Gibraltar

Ldspr.: Gibraltar (Englisch)
Franz.: Gibraltar
Span.: Gibraltar

Britische Kronkolonie Gibraltar

Hauptstadt: City of Gibraltar
Fläche: 6,5 km²
Einwohner: 27 025
Sprachen: Englisch, Spanisch
Währung: Gibraltar-Pfund

Zugehörigkeit: Großbritannien
Wirtschaft: Große Einnahmequelle ist Tourismus; ansonsten Schiffsausrüstung.

Gibraltar hat den Status „British Overseas Territory". Es ist seit 1713 unter britischer Herrschaft und war seit 1830 britische Kolonie. Gibraltar hat ein eigenes Parlament mit einem Gouverneur und einem Regierungschef. Die Flagge Gibraltars hat einen breiten weißen und darunter schmalen roten Streifen als Untergrund. Auf dem weißen Streifen steht eine Burg mit drei Türmen, auf dem roten Streifen ist ein goldener Schlüssel. Die Burg steht für die Sicherheit Gibraltars, der Schlüssel für den Zugang zum Mittelmeer.

Griechenland

Ldspr.: Ellada
Engl.: Greece
Franz.: Grèce
Span.: Grecia

Hellenische Republik Griechenland

Hauptstadt: Athen
Fläche: 131 957 km²
Einwohner: 11 033 000
Sprache: Griechisch
Währung: Euro
Mitglied: EU, NATO, OECD, OSZE, UNO, WEU

Wirtschaft: Fertigprodukte, Nahrungsmittel, Maschinen, Fahrzeuge

Die griechische Flagge symbolisiert den Unabhängigkeitskampf der Griechen gegen das Osmanische Reich. Die neun Querstreifen stehen für die neun Silben des Kampfrufes der Griechen: „Eleuthería e Thánatos" (Freiheit oder Tod). Die Farbe Blau steht außerdem für Meer und Himmel, die Farbe Weiß für die Reinheit des Befreiungskampfes. Das Kreuzzeichen steht für Gottes Weisheit, Freiheit und das Land. Es zeigt Griechenlands Verbundenheit mit der orthodoxen Kirche. Die Flagge wurde 1973 in der heutigen Form bestätigt.

Grönland

Grönland

Hauptstadt: Nuuk
Fläche: 2 166 086 km²
Einwohner: 56 854
Sprachen: Kalaallisut, Dänisch
Währung: Dänische Krone
Zugehörigkeit: Dänemark

Wirtschaft: Fischfang dominiert; Hauptexportgut ist ebenfalls Fisch.

Seit 1953 ist Grönland – die größte Insel der Welt – ein gleichberechtigter Teil Dänemarks, seit 1979 besteht innere Autonomie. Grönland hat ein eigenes Parlament und zwei Abgeordnete im dänischen Parlament. Die Flagge ist rot-weiß wie die Flagge Dänemarks. Das weiße Band steht für die Eiskappe, der weiße Halbkreis für die Eisberge. Das rote Band verkörpert den Ozean, der rote Halbkreis die Fjorde. Zusammen symbolisieren die Halbkreise die Sonne.

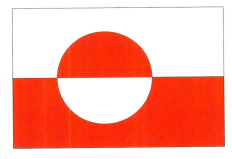

Ldspr.: Kalaallit Nunaat (Kalaallisut)
Grønland (Dänisch)
Engl.: Greenland
Franz.: Groenland
Span.: Groenlandia

Vereinigtes Königreich Großbritannien und Nordirland

Großbritannien und Nordirland

Hauptstadt: London
Fläche: 242 910 km²
Einwohner: 59 329 000
Sprache: Englisch
Währung: Pfund
Mitglied: EU, G-8, NATO, OECD, OSZE, UNO, WEU

Wirtschaft: Maschinen und Transportausrüstungen, chemische Erzeugnisse

In der britischen Flagge (auch „Union Jack" genannt) sind die Symbole der Teilgebiete des Vereinigten Königreichs kombiniert: Das rote gerade Kreuz auf weißem Grund gehört zum Schutzheiligen Englands, St. Georg. Das weiße schräge Kreuz auf blauem Grund gehört zum Schutzheiligen von Schottland, St. Andrew. Das rote Schrägkreuz auf weißem Grund gehört zu Irland und St. Patrick. Irland (später nur noch Nordirland) kam 1801 zum Königreich hinzu und seitdem besteht die Flagge in dieser Form.

Ldspr.: United Kingdom
Franz.: Royaume Uni
Span.: Reina Unido

EUROPA
Irland

Ldspr.: Éire (Irisch)
Engl.: Ireland
Franz.: Irlande
Span.: Irlanda

Republik Irland

Hauptstadt: Dublin
Fläche: 70 273 km²
Einwohner: 3 994 000
Sprachen: Irisch, Englisch
Währung: Euro
Mitglied: EU, OPEC, UNO

Wirtschaft: Chemische Erzeugnisse, Maschinen und Transportausrüstungen

Grün war schon immer die Farbe der Insel; sie steht sowohl für die gälische als auch die normannisch-irische Tradition; außerdem ist Grün die traditionelle Farbe der Katholiken. Schon im Freiheitskampf der irischen Nationalisten gegen Großbritannien waren neben Grün auch Orange und Weiß im Einsatz: Orange stand hier für die protestantische Minderheit, die politisch Anhänger von Wilhelm von Oranien waren. Weiß steht für die Einigkeit und das friedliche Miteinander der beiden Religionen.

Island

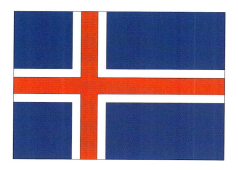

Ldspr.: Ísland
Engl.: Iceland
Franz.: Islande
Span.: Islandia

Republik Island

Hauptstadt: Reykjavik
Fläche: 103 000 km²
Einwohner: 289 000
Sprache: Isländisch
Währung: Isländische Krone

Mitglied: NATO, OECD, OSZE, UNO, WEU (ass.)
Wirtschaft: Fisch und Fischerzeugnisse; Aluminium und Arzneimittel

Die Farben Blau und Weiß stehen für Meer und Eis und waren schon in den traditionellen Trachten der Isländer verewigt. Erst später kam das Rot von Dänemark hinzu, denn Island stand seit dem 14. Jahrhundert unter dänischer Besatzung. Die Form des Kreuzes weist auf die Zugehörigkeit zur nordischen Völkerfamilie hin. Seit 1944 ist Island eine unabhängige Republik. Im selben Jahr wurde auch die Flagge offiziell eingeführt.

Italien

Italienische Republik

Hauptstadt: Rom
Fläche: 301 399 km²
Einwohner: 57 646 000
Sprachen: Italienisch (regional: Deutsch, Französisch, Slowenisch)
Währung: Euro
Mitglied: EU, G-8, NATO, OECD, OSZE, UNO, WEU
Wirtschaft: Tourismus; Hauptexportgüter sind Maschinen, Anlagen, Transportmittel, Bekleidung, Wein.

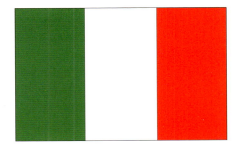

Das Vorbild für die italienische Flagge war die französische Trikolore, und als Italien 1796 bis 1814 unter französischer Herrschaft stand, wurde die Flagge – angeblich von Napoleon – entworfen. Die Farben stammen von den Uniformfarben der städtischen Miliz von Mailand einerseits und der so genannten „Italienischen Legion" (eine örtliche Bürgerwehr von Modena) andererseits. 1861 bis 1946 zierte das Wappen des Königshauses von Savoyen die Flagge. Als 1946 Italien eine Republik wurde, verschwand das Wappen.

Ldspr.: Italia (Italienisch)
Engl.: Italy
Franz.: Italie
Span.: Italia

Kroatien

Republik Kroatien

Hauptstadt: Zagreb
Fläche: 56 542 km²
Einwohner: 4 445 000
Sprache: Kroatisch
Währung: Kuna
Mitglied: OSZE, UNO
Wirtschaft: Brenn- und Schmierstoffe, chemische Präparate, Nahrungs- und Genussmittel

Der Schild im Zentrum der kroatischen Flagge ist seit dem 16. Jahrhundert das Wappenbild Kroatiens. Die Krone auf dem Schild besteht aus fünf verschiedenen Wappen, die für die kroatischen Landschaften Alt-Kroatien, Dubrovnik, Dalmatien, Istrien und Slawonien stehen. Während der kommunistischen Ära wurde die Krone durch einen roten Stern ersetzt. Doch als Kroatien 1991 Unabhängigkeit erlangte und eine Republik wurde, wurde die Flagge in ihrer traditionellen Form wieder eingeführt.

Ldspr.: Hrvatska
Engl.: Croatia
Franz.: Croatie
Span.: Croacia

EUROPA

Lettland

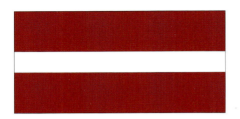

Ldspr.: Latvija
Engl.: Latvia
Franz.: Lettonie
Span.: Letonia

Republik Lettland

Hauptstadt: Riga
Fläche: 64 589 km²
Einwohner: 2 321 000
Sprache: Lettisch
Währung: Lats
Mitglied: EU, NATO, OSZE, UNO, WEU (ass.)

Wirtschaft: Export von Holz- und Holzprodukten, Metallen, Textilien und Maschinen; 77 % gehen in andere EU-Länder.

Schon im 13. Jahrhundert wurde eine der heutigen Flagge ähnliche Flagge von lettischen Volksstämmen verwendet. Die heutige Flagge wurde Ende des 19. Jahrhunderts entworfen und bis 1940 verwendet. 1940 wurde Lettland von der Sowjetunion annektiert und die Flagge war verboten. Seit 1990 ist sie wieder eingeführt. Das weiße Mittelband steht für Recht, Glauben und Ehre der freien Bürger des Landes. Die rote Farbe steht für das Blut, das vergossen wurde, bis Lettland endlich Souveränität erlangt hat.

Liechtenstein

Ldspr.: Liechtenstein
Engl.: Liechtenstein
Franz.: Liechtenstein
Span.: Liechtenstein

Fürstentum Liechtenstein

Hauptstadt: Vaduz
Fläche: 160 km²
Einwohner: 34 000
Sprache: Deutsch
Währung: Schweizer Franken
Mitglied: OSZE, UNO

Wirtschaft: Exportiert werden Maschinen, elektronische Erzeugnisse, Metallwaren, Glaswaren, Keramik.

Die blaue Farbe symbolisiert den Himmel, während das Rot für die Glut der Erde und den Glanz der abendlichen Bergfeuer steht. Die goldene Krone im blauen Streifen wurde erst 1937 eingeführt, nachdem man bei den Olympischen Spielen 1936 festgestellt hatte, dass die Flaggen von Liechtenstein und Haiti identisch waren. Die Krone weist darauf hin, dass es sich um ein Fürstentum handelt, versinnbildlicht aber auch die Einheit von Volk, Fürstenhaus und Regierung.

Litauen

Republik Litauen

Hauptstadt: Vilnius
Fläche: 65 301 km²
Einwohner: 3 454 000
Sprache: Litauisch
Währung: Litas
Mitglied: EU, NATO, OSZE, UNO, WEU (ass.)

Wirtschaft: Fertigerzeugnisse, Nahrungsgüter, Maschinen, chemische Erzeugnisse

Die heutige Flagge Litauens ist eine horizontale Trikolore mit Gelb, Grün und Rot. Nachdem das Land nach dem 1. Weltkrieg 1918 von der russischen Herrschaft befreit war, wurde diese Flagge genutzt, bis das Land 1940 wieder von Russland besetzt und die Flagge verboten wurde. Erst 1989 wurde sie wieder eingeführt. Das Gelb steht für die wogenden Getreidefelder. Grün symbolisiert die vielen Wälder des Landes und das Leben. Rot steht für die reiche Flora Litauens, aber auch für das Blut, das im Kampf um die Souveränität des Landes vergossen wurde.

Ldspr.: Lietuva
Engl.: Lithuania
Franz.: Lituanie
Span.: Lituania

Luxemburg

Großherzogtum Luxemburg

Hauptstadt: Luxemburg
Fläche: 2 586 km²
Einwohner: 448 000
Sprachen: Letzebuergesch, Deutsch, Französisch
Währung: Euro

Mitglied: EU, NATO, OECD, OSZE, UNO, WEU
Wirtschaft: Eisen- und Stahlwaren, Maschinen und Geräte

Die Farben der Flagge Luxemburgs basieren auf den Farben des Wappens eines Großherzogs im 13. Jahrhundert. Anfang des 19. Jahrhunderts war Luxemburg Teil der Niederlande; daher kommt die Ähnlichkeit von Muster und Farben der Flaggen. Das Blau der Flagge Luxemburgs ist heller als das der niederländischen Flagge. Die Flagge wurde 1845 in ihrer heutigen Form eingeführt.

Ldspr.: Luxembourg (Französisch)
Engl.: Luxembourg
Span.: Luxemburgo

EUROPA

Malta

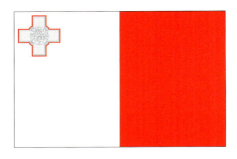

Ldspr.: Malta (Maltesisch)
Engl.: Malta
Franz.: Malte
Span.: Malta

Republik Malta

Hauptstadt: Valletta
Fläche: 315,6 km²
Einwohner: 399 000
Sprachen: Maltesisch, Englisch
Währung: Maltesische Lira

Mitglied: EU, OSZE, UNO
Wirtschaft: Maschinen und Transportmittel; Tourismus

Die Farben Rot und Weiß sind die Farben des Ordens der Johanniter, die die Insel 1530 zu ihrem Hauptquartier machten. Sie verteidigten die Insel erfolgreich bis 1565 gegen die Osmanen. Ab 1800 war Malta Flottenstützpunkt der Briten; es war strategisch bedeutend während des 2. Weltkrieges. Aufgrund des tapferen Widerstands der Malteser verlieh ihnen England 1942 das Georgskreuz, das seitdem in der Oberecke der Flagge zu sehen ist.

Mazedonien

Ldspr.: Makedonija (Mazedonisch)
         Maqedonia (Albanisch)
Engl.: Macedonia
Franz.: Macédoine
Span.: Macedonia

Republik Mazedonien

Hauptstadt: Skopje
Fläche: 25 713 km²
Einwohner: 2 049 000
Sprachen: Mazedonisch, Albanisch
Währung: Denar

Mitglied: OSZE, UNO
Wirtschaft: Fertigerzeugnisse, Getränke, Tabakwaren, Nahrungsmittel, Tiere

Jahrhundertelang stand das Land unter türkischer Herrschaft, 1913 bis 1919 gehörte es zu Serbien, dann kam es zu Jugoslawien. Während des kommunistischen Regimes von 1945 bis 1991 trug die Flagge einen roten Stern mit Goldumrandung auf rotem Grund. 1991 wurde die Flagge mit dem 16-eckigen Stern eingeführt, gegen die Griechenland protestierte. Seit 1995 zeigt die mazedonische Flagge eine gelbe Sonne mit acht Strahlen. Die Sonne steht für Licht, Leben, Glück und Freiheit. Rot ist die Nationalfarbe des Landes.

Moldawien

Republik Moldau

Hauptstadt: Chisinau
Fläche: 33 800 km²
Einwohner: 4 238 000
Sprache: Moldauisch/Rumänisch
Währung: Moldau-Leu

Mitglied: GUS, OSZE, UNO
Wirtschaft: Textil- und Lederwaren, Nahrungsmittel

Die Flagge Moldawiens wurde 1990 eingeführt. 1940 wurde Moldawien in die Sowjetunion eingegliedert und bei deren Auflösung orientierte sich die separatistische Bewegung an Rumänien. Somit gehen die Farben und der Adler auf die Flagge und das Wappen von Rumänien zurück. Das Wappen zeigt einen goldenen Adler mit einem Kreuz im Schnabel und einem Olivenzweig und dem Zepter des heiligen Michaels in den Fängen. Der Schild stellt traditionelle Symbole von Moldawien dar: den Auerochsenkopf, die Rose, den Halbmond und den Stern.

Ldspr.: Moldova
Engl.: Moldova
Franz.: Moldavie
Span.: Moldavia

Monaco

Fürstentum Monaco

Hauptstadt: Monaco-Ville
Fläche: 1,95 km²
Einwohner: 33 000
Sprache: Französisch
Währung: Euro
Mitglied: OSZE, UNO

Wirtschaft: höchstes Bruttoinlandsprodukt pro Kopf der Welt

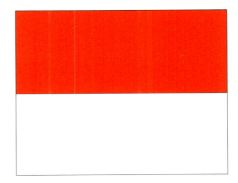

Monaco ist der zweitkleinste Staat der Welt (nach dem Vatikanstaat). Die Flagge aus den zwei gleichen Bändern in Weiß und Rot basiert auf den Farben der Fürstenfamilie Grimaldi, die das Fürstentum seit über 700 Jahren regiert. Eingeführt wurde die Flagge 1881.

Ldspr.: Monaco
Engl.: Monaco
Span.: Monaco

EUROPA

Montenegro

Ldspr.: Crna Gora (Serbisch)
Engl.: Montenegro
Franz.: Monténégro
Span.: Montenegro

Republik Montenegro

Hauptstadt: Podgorica
Fläche: 13 812 km²
Einwohner: 621 000
Sprachen: Serbisch, Albanisch
Währung: Euro

Wirtschaft: Bodenschätze Bauxit, Eisenerz, Braunkohle, Tabak- und Salzverarbeitung. Agrarwirtschaft mit Gemüse, Getreide, Kartoffeln, Wein, Zitrusfrüchte.

Im Mai 2006 entschied sich die Bevölkerung in einer Urabstimmung für die Selbstständigkeit von dem Staatenbund Serbien und Montenegro.
Die Flagge Montenegros, die am 12. Juli 2004 angenommen wurde, geht auf die historische Flagge zurück, die bis zum 1. Weltkrieg, also zur Zeit der ersten montenegrinischen Unabhängigkeit, gültig war. Der goldene schreitende Löwe im Brustschild des Adlers ist ein altes montenegrinisches Nationalsymbol.

Niederlande

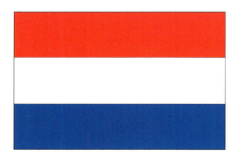

Ldspr.: Nederland
Engl.: Netherlands
Franz.: Pays-Bas
Span.: Paises Bajos

Königreich der Niederlande

Hauptstadt: Amsterdam
Fläche: 41 526 km²
Einwohner: 16 223 000
Sprache: Niederländisch
Währung: Euro
Mitglied: EU, NATO, OECD, OSZE, UNO, WEU

Wirtschaft: Exportintensive Landwirtschaft mit Gemüseanbau, Blumenzucht und Viehwirtschaft. 20 % des Exports gehen nach Deutschland.

Die Niederlande besitzen die älteste Trikolore der Welt, die seit 1579 bekannt ist. Anfangs war die obere Bahn orange, basierte auf den Hausfarben von Prinz Wilhelm von Oranien-Nassau, der den Freiheitskampf gegen die Spanier führte. Weiß und Blau sind die Nassauer Farben. 1796 tauschte man das orange Band gegen ein rotes aus, weil Rot auf See besser erkennbar ist. Orange ist aber noch heute die Farbe des Königshauses und an besonderen Tagen wird eine orangefarbene dreieckige Flagge über der Trikolore gesetzt.

Norwegen

Königreich Norwegen

Hauptstadt: Oslo
Fläche: 323 759 km²
Einwohner: 4 562 000
Sprache: Norwegisch
Währung: Norwegische Krone

Mitglied: NATO, OECD, OSZE, UNO, WEU (ass.)
Wirtschaft: Erdöl, Erdgas und Petrochemie

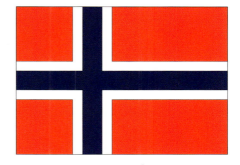

Von 1380 bis 1814 stand Norwegen unter Dänemarks Herrschaft. 1814 musste Dänemark Norwegen an Schweden abtreten. Seit 1821 hat Norwegen seine eigene Flagge, wobei der dänischen Flagge lediglich das Blau hinzugefügt wurde. Norwegen musste lange kämpfen, bis diese eigene Flagge auch von Schweden akzeptiert wurde. Erst 1905 endete die Union mit Schweden. Die Kreuzform ist typisch für die nordischen Länder.

Ldspr.: Norge
Engl.: Norway
Franz.: Norvège
Span.: Noruega

Österreich

Republik Österreich

Hauptstadt: Wien
Fläche: 83 871 km²
Einwohner: 8 090 000
Sprachen: Deutsch (regional: Slowenisch, Kroatisch, Ungarisch)
Währung: Euro

Mitglied: EU, OECD, OSZE, UNO, WEU (Beobachter)
Wirtschaft: Hauptexportwaren sind Fertigwaren (Maschinen und Kraftfahrzeuge).

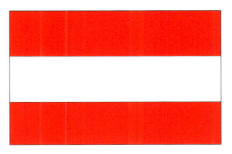

Nach dem 1. Weltkrieg besann Österreich sich auf die Farbenfolge Rot-Weiß-Rot, deren Ursprünge sehr weit zurückliegen: Einer Legende zufolge war der weiße Umhang eines Herzogs im Kampf mit Blut durchtränkt worden. Als er seinen Schwertgurt abnahm, kam hier der unbefleckte weiße Streifen zum Vorschein. Als Kriegsflagge auf See war die Flagge schon 1786 zu sehen, als Nationalflagge wurde sie erst nach dem 1. Weltkrieg eingeführt und nach dem 2. Weltkrieg 1945 erneut.

Ldspr.: Österreich (Deutsch)
Engl.: Austria
Franz.: Autriche
Span.: Austria

Österreich und die Bundesländer

Burgenland
Fläche: 3 965 km²
Einwohner: 277 569
Hauptstadt: Eisenstadt
Ein goldener Schild mit rotem Adler auf den Farben des Burgenlandes in Rot-Gold.

Kärnten
Fläche: 9 535 km²
Einwohner: 559 404
Hauptstadt: Klagenfurt
Drei übereinander gestellte Löwen im Schild. Dieses Wappen verwendeten seit 1335 die Habsburger.

Niederösterreich
Fläche: 19 178 km²
Einwohner: 1 545 804
Hauptstadt: St. Pölten
Auf blauem Schild fünf goldene Adler. Das 5-Adler-Wappen erscheint erstmals 1335.

Oberösterreich
Fläche: 11 980 km²
Einwohner: 1 376 797
Hauptstadt: Linz
Ein Schild mit Adler trägt den österreichischen Erzherzogshut. Das Wappen stammt aus 1390.

Salzburg
Fläche: 7 154 km²
Einwohner: 521 238
Hauptstadt: Salzburg
Ein gespaltener Schild mit Löwen, darauf ruht der Fürstenhut. Das Wappen entstand 1284–90.

Steiermark
Fläche: 16 388 km²
Einwohner: 1 183 303
Hauptstadt: Graz
Im Wappen ein Panther, darauf der steirische Herzogshut. Es ist seit 1246 überliefert.

Tirol
Fläche: 12 648 km²
Einwohner: 686 809
Hauptstadt: Innsbruck
Das Wappen zeigt einen Adler mit goldenen Waffen. Die Darstellung stammt von 1340.

Vorarlberg
Fläche: 2 601 km²
Einwohner: 360 168
Hauptstadt: Bregenz
Bei dem Wappen handelt es sich um eine rote Kirchenfahne. Es ist ab 1181 nachweisbar.

Wien
Fläche: 415 km²
Einwohner: 1 631 082
Hauptstadt: Wien
In einem roten Schild ein weißes Kreuz. Kann auch mit einem schwarzen Adler verwendet werden.

Polen

Republik Polen

Hauptstadt: Warschau
Fläche: 312 685 km²
Einwohner: 39 196 000
Sprache: Polnisch
Währung: Zloty
Mitglied: EU, NATO, OECD, OSZE, UNO, WEU (ass.)

Wirtschaft: Polen exportiert überwiegend Maschinen und elektrische Geräte, außerdem Chemie- und Kunststofferzeugnisse.

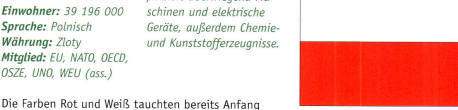

Die Farben Rot und Weiß tauchten bereits Anfang des 13. Jahrhunderts in Militäruniformen auf. Doch erst 1831 wurden sie zu den Nationalfarben. Auf dem Staatswappen wiederholen sich die Farben in einem silbernen Adler auf rotem Untergrund. Die Streifen sind genau gleich breit.

Ldspr.: Polska
Engl.: Poland
Franz.: Pologne
Span.: Polonia

Portugal

Portugiesische Republik

Hauptstadt: Lissabon
Fläche: 92 345 km²
Einwohner: 10 444 000
Sprache: Portugiesisch
Währung: Euro
Mitglied: EU, NATO, OECD, OSZE, UNO, WEU (ass.)

Wirtschaft: Portugal gehört zu den ärmsten Ländern innerhalb der EU. Exportiert werden u. a. Textilien, Bekleidung und Schuhe.

Die grüne Bahn in der Flagge Portugals steht für die Hoffnung auf ein freies Leben aller Portugiesen. Das rote Feld erinnert an die Revolution von 1910/1911, in deren Folge die Monarchie abgeschafft wurde. Das nautische Instrument im Zentrum der Flagge (Armillasphäre) weist auf die großartige Vergangenheit Portugals als Seenation hin.

Ldspr.: Portugal
Engl.: Portugal
Franz.: Portugal
Span.: Portugal

EUROPA

Rumänien

Ldspr.: Romania
Engl.: Romania
Franz.: Roumanie
Span.: Rumanía

Rumänien

Hauptstadt: Bukarest
Fläche: 238 391 km²
Einwohner: 21 744 000
Sprache: Rumänisch
Währung: Neuer Leu
Mitglied: NATO, OSZE, UNO, WEU (ass.)

Wirtschaft: Landwirtschaft, Textilien, Ledererzeugnisse und Schuhe

Die Trikolore von Rumänien geht zurück auf die Hauptfarben der Banner der mittelalterlichen Fürstentümer Moldau (Blau), Walachei (Gelb) und Siebenbürgen (Rot). Heute werden die Farben so gedeutet: Blau symbolisiert den Himmel, der über den goldenen Reichtümern (Gelb) des Landes leuchtet. Rot steht für die Tapferkeit des Volkes. Die Flagge wurde nach dem Sturz des diktatorischen Regimes 1989 wieder eingeführt.

Russland

Ldspr.: Rossiya
Engl.: Russia
Franz.: Russie
Span.: Rusia

Russische Föderation

Hauptstadt: Moskau
Fläche: 17 075 400 km² (Weltrang 1)
Einwohner: 143 425 000
Sprache: Russisch
Währung: Rubel

Mitglied: G-8, GUS, OSZE, UNO
Wirtschaft: Über 70 % des Exports bestehen aus Roh- und Brennstoffen.

Die russische Flagge lehnt sich an die niederländische Flagge an, von der Zar Peter bei einem Besuch 1697 sehr beeindruckt war. Er änderte lediglich die Reihenfolge der Streifen. Von 1917 bis zum Zusammenbruch der Sowjetunion 1991 war die rote Fahne mit Hammer, Sichel und Stern die Landesflagge. Erst seit 1991 weht die Trikolore wieder in Weiß-Blau-Rot. Die 21 autonomen Republiken der Föderation haben eigene Landesflaggen.

San Marino

Republik San Marino

Hauptstadt: San Marino
Fläche: 61,2 km²
Einwohner: 28 000
Sprache: Italienisch
Währung: Euro
Mitglied: OSZE, UNO

Wirtschaft: Wein, Möbel, Keramik, Tourismus

San Marino ist eine der kleinsten und ältesten Republiken der Welt. Die weiß-blaue Flagge geht bis 1797 zurück und die Farben basieren auf dem Staatswappen, das drei weiße Bergtürme vor blauem Hintergrund zeigt. Die Krone im Wappen ist ein Symbol der Unabhängigkeit.

Ldspr.: San Marino
Engl.: San Marino
Franz.: Saint Marin
Span.: San Marino

Schweden

Königreich Schweden

Hauptstadt: Stockholm
Fläche: 449 964 km²
Einwohner: 8 956 000
Sprache: Schwedisch
Währung: Schwedische Krone

Mitglied: EU, OECD, OSZE, UNO, WEU (Beobachter)
Wirtschaft: Maschinen, Mineralöl, Nahrungsmittel, Elektrotechnik

Die Farben Blau und Gelb entstammen dem Nationalwappen aus dem 14. Jahrhundert. Die Kreuzesform weist auf die Zugehörigkeit zu den nordischen Völkern hin. Die Flagge mit dem horizontalen gelben Kreuz auf blauem Grund besteht schon seit vielen Jahrhunderten. Als Landesflagge wurde sie 1906 eingeführt.

Ldspr.: Sverige
Engl.: Sweden
Franz.: Suède
Span.: Suecia

EUROPA
Schweiz

Schweizerische Eidgenossenschaft

Hauptstadt: Bern
Fläche: 41 285 km²
Einwohner: 7 350 000
Sprachen: Deutsch, Französisch, Italienisch, Rätoromanisch
Währung: Schweizer Franken

Mitglied: OECD, OSZE, UNO
Wirtschaft: Die Schweiz ist ein hoch entwickeltes Industrieland und exportiert u. a. Chemikalien, Maschinen, Elektronik, Instrumente und Uhren.

Die Nationalflagge der Schweiz ist quadratisch und zeigt ein weißes Kreuz auf rotem Grund. Dieses Kreuz stammt aus dem Mittelalter, als viele europäische Staaten ein einfaches Kreuz auf einfarbigem Grund nutzten. Die Vorbilder liegen in den Fahnen des Heiligen Römischen Reiches. Schon im 13. Jahrhundert hatte der Kanton Schwyz eine Flagge mit weißem Kreuz auf rotem Grund.

Ldspr.: Schweiz (Deutsch), Suisse (Franz.), Svizzera (Ital.)
Engl.: Switzerland
Span.: Suiza

Aargau

Hauptort: Aarau
Fläche: 1 404 km²
Einwohner: 568 671
Sprache: Deutsch

Appenzell Ausserrhoden

Hauptort: Herisau (Regierungssitz)
Fläche: 243 km²
Einwohner: 52 800
Sprache: Deutsch

Appenzell Innerrhoden

Hauptort: Appenzell
Fläche: 173 km²
Einwohner: 15 171
Sprache: Deutsch

Basel-Landschaft

Hauptort: Liestal
Fläche: 518 km²
Einwohner: 265 800
Sprache: Deutsch

Basel-Stadt

Hauptort: Basel
Fläche: 37 km²
Einwohner: 187 775
Sprache: Deutsch

Bern/Canton de Berne

Hauptort: Bern
Fläche: 5 959 km²
Einwohner: 956 000
Sprachen: Deutsch, Französisch

Die Kantone der Schweiz

Freiburg

Hauptort: Freiburg
Fläche: 1 671 km²
Einwohner: 251 308
Sprachen: Deutsch, Französisch

Genf

Hauptort: Genf
Fläche: 282 km²
Einwohner: 441 000
Sprache: Französisch

Glarus

Hauptort: Glarus
Fläche: 685 km²
Einwohner: 38 500
Sprache: Deutsch

Graubünden

Hauptort: Chur
Fläche: 7 105 km²
Einwohner: 187 812
Sprachen: Deutsch, Italienisch, Rätoromanisch

Jura

Hauptort: Delémont (franz.), Delsberg (deutsch)
Fläche: 838 km²
Einwohner: 69 100
Sprache: Französisch

Luzern

Hauptort: Luzern
Fläche: 1 493 km²
Einwohner: 354 662
Sprache: Deutsch

Neuenburg

Hauptort: Neuenburg
Fläche: 803 km²
Einwohner: 167 500
Sprache: Französisch

St. Gallen

Hauptort: St. Gallen
Fläche: 2 026 km²
Einwohner: 457 289
Sprache: Deutsch

Schaffhausen

Hauptort: Schaffhausen
Fläche: 298 km²
Einwohner: 73 900
Sprache: Deutsch

Schwyz

Hauptort: Schwyz
Fläche: 908 km²
Einwohner: 135 779
Sprache: Deutsch

Die Kantone der Schweiz

Solothurn

Hauptort: Solothurn
Fläche: 791 km²
Einwohner: 247 400
Sprache: Deutsch

Tessin

Hauptort: Bellinzona
Fläche: 2 812 km²
Einwohner: 319 800
Sprache: Italienisch

Thurgau

Hauptort: Frauenfeld
Fläche: 991 km²
Einwohner: 233 912
Sprache: Deutsch

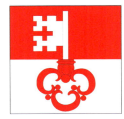

Unterwalden Obwalden

Hauptort: Sarnen
Fläche: 491 km²
Einwohner: 33 300
Sprache: Deutsch

Unterwalden Nidwalden

Hauptort: Stans
Fläche: 276 km²
Einwohner: 39 866
Sprache: Deutsch

Uri

Hauptort: Altdorf
Fläche: 1 077 km²
Einwohner: 35 100
Sprache: Deutsch

Waadt

Hauptort: Lausanne
Fläche: 3 212 km²
Einwohner: 657 700
Sprache: Französisch

Wallis

Hauptort: Sitten/Sion
Fläche: 5 224 km²
Einwohner: 288 800
Sprachen: Französisch, Deutsch

Zug

Hauptort: Zug
Fläche: 239 km²
Einwohner: 104 538
Sprache: Deutsch

Zürich

Hauptort: Zürich
Fläche: 1 729 km²
Einwohner: 1 273 278
Sprache: Deutsch

Serbien

Republik Serbien

Hauptstadt: Belgrad
Fläche: 102 173 km²
Einwohner: 8 104 000
Sprache: Serbisch
Währung: Neuer Dinar
Mitglied: OSZE, UNO

Wirtschaft: Fertigerzeugnisse, Nahrungsgüter, Maschinen, Apparate

Ldspr.: Srbija
Engl.: Serbia
Franz.: Serbie
Span.: Serbia

1918 schlossen sich Serben, Kroaten und Slowenen zusammen und nannten sich ab 1929 Königreich Jugoslawien. Die panslawischen Farben der Flagge – Rot, Blau und Weiß – stehen wie die französische Trikolore für Freiheit, Gleichheit und Brüderlichkeit. Die Republiken Serbien und Montenegro haben eigene Landesflaggen. 2006 wurde durch eine Volksabstimmung Montenegro als eigenständiger Staat und damit die Trennung von Serbien beschlossen.

Slowakei

Slowakische Republik

Hauptstadt: Bratislava
Fläche: 49 034 km²
Einwohner: 5 390 000
Sprache: Slowakisch
Währung: Slowakische Krone
Mitglied: EU, NATO, OECD, OSZE, UNO, WEU (ass.)

Wirtschaft: Exportiert werden u. a. Transportmittel, Maschinen, unedle Metalle und mineralische Erzeugnisse.

Ldspr.: Slovensko
Engl.: Slovakia
Franz.: Slovaquie
Span.: Eslovaquia

1918 wurde die Slowakei unter der Flagge, die heute Tschechien Republik benutzt, Teil der Tschechoslowakei. 1939 wurde in der Slowakei eine Trikolore mit Weiß, Blau und Rot eingeführt. Als die Tschechoslowakei 1993 aufgelöst wurde, fügte man der Trikolore das slowakische Wappen hinzu, um sie von der Flagge Russlands unterscheiden zu können.

EUROPA

Slowenien

Ldspr.: Slovenija
Engl.: Slovenia
Franz.: Slovénie
Span.: Eslovenia

Republik Slowenien

Hauptstadt: Ljubljana
Fläche: 20 253 km²
Einwohner: 1 995 000
Sprache: Slowenisch
Währung: Tolar
Mitglied: EU, NATO, OSZE, UNO, WEU (ass.)

Wirtschaft: Maschinenbau, Textil- und Chemieindustrie

Als sich die Slowenen 1848 in Ljubljana gegen die Herrschaft der Österreicher erhoben, wurde eine Fahne mit drei horizontalen Streifen in Weiß, Blau und Rot gehisst, den panslawistischen Farben. Seit der Unabhängigkeit Sloweniens 1991 trägt die Flagge das Wappen mit dem höchsten Berg Triglav in der Mitte, dessen Fuß von zwei Wellen durchschnitten wird, die die Küste oder die Flüsse Save und Drau symbolisieren.

Spanien

Ldspr.: España (Spanisch)
Engl.: Spain
Franz.: Espagne

Königreich Spanien

Hauptstadt: Madrid
Fläche: 504 782 km²
Einwohner: 41 101 000
Sprachen: Spanisch (regional: Katalanisch, Galicisch, Baskisch)
Währung: Euro

Mitglied: EU, NATO, OECD, OSZE, UNO, WEU
Wirtschaft: 67 % des BIP werden im Dienstleistungssektor erwirtschaftet. Exportiert werden u. a. Halbfabrikate und Kfz.

Die Farben der spanischen Flagge leiten sich von den überlieferten Wappenbildern der Regionen Kastilien (ein goldenes Kastell auf rotem Grund), Aragón (vier rote Pfähle auf goldenem Grund) und Navarra (ein goldenes Kettenhemd auf rotem Grund) ab. In der Mitte im gelben Streifen steht das Staatswappen. Das vierte Feld des Schildes im Wappen repräsentiert die Provinz Léon.

Tschechische Republik

Hauptstadt: Prag
Fläche: 78 866 km²
Einwohner: 10 202 000
Sprache: Tschechisch
Währung: Tschechische Krone

Mitglied: EU, NATO, OECD, OSZE, UNO, WEU (ass.)
Wirtschaft: Maschinen- und Fahrzeugbau; Export: Kfz und -teile, Maschinen.

Tschechien

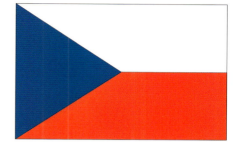

Ldspr.: Česko
Engl.: Czech Republic
Franz.: République tchèque
Span.: República Checa

Die Tschechische Republik übernahm bei der Teilung der Tschechoslowakei in Tschechien und die Slowakei 1993 die Flagge, während die Slowakei eine neue Flagge erhielt. Blau, Weiß und Rot sind die panslawistischen Farben, darüber hinaus gelten Weiß und Rot als die traditionellen Farben Böhmens, während Blau die Farbe Mährens ist. Für die Tschechoslowakei wurde die Flagge erstmals 1920 eingeführt.

Ukraine

Hauptstadt: Kiew
Fläche: 603 700 km²
Einwohner: 48 356 000
Sprachen: Ukrainisch, Russisch, Sprachen der Minderheiten
Währung: Griwna

Mitglied: GUS, OSZE, UNO
Wirtschaft: Hauptexportgüter sind Eisenmetalle, Erdöl, Mineralien.

Ukraine

Ldspr.: Ukrajina (Ukrainisch)
Engl.: Ukraine
Franz.: Ukraine
Span.: Ucrania

Die Farben der Flagge stehen für die Landschaft der Ukraine: unendliche goldene Weizenfelder unter blauem Himmel. 1918 wurde die Ukraine kurz von Russland unabhängig, doch schon 1919 fiel sie unter sowjetische Kontrolle, unter der das Land bis 1991 verblieb. Während dieser Jahre war die Flagge verboten. Seit 1991 ist die Ukraine unabhängig und seitdem ist die Flagge wieder erlaubt.

EUROPA

Ungarn

Ldspr.: Magyarország
Engl.: Hungary
Franz.: Hongrie
Span.: Hungría

Republik Ungarn

Hauptstadt: Budapest
Fläche: 93 030 km²
Einwohner: 10 128 000
Sprache: Ungarisch
Währung: Forint
Mitglied: EU, NATO, OECD, OSZE, UNO, WEU (ass.)
Wirtschaft: Telekommunikations- und Audiogeräte, Kfz, Metalle

Die Farben der Flagge stammen vermutlich von dem mittelalterlichen Wappen Ungarns. Das Streifendesign ist der französischen Trikolore entlehnt. Als sich Ungarn 1848 gegen die österreichische Vorherrschaft auflehnte, wurde eine rot-weiß-grüne Trikolore gehisst. Rot steht für Stärke, Weiß für Pflichtbewusstsein und Grün für Hoffnung. Die Flagge wurde 1957 eingeführt.

Vatikanstadt

Ldspr.: Sancta Sedes (Latein)
Engl.: Holy See
Franz.: Saint-siege
Span.: Santa Sede

Staat der Vatikanstadt

Fläche: 0,44 km²
Einwohner: 932
Sprachen: Latein, Italienisch, Deutsch (Schweizer Garde)
Währung: Euro
Mitglied: OSZE
Wirtschaft: Briefmarkenverkauf und Zinserträge angelegter Gelder.

Vatikanstadt ist der kleinste Staat der Welt und das Zentrum der römisch-katholischen Kirche. Die Flagge besteht aus den Farben Gold und Silber, die für die Farben des Himmelsschlüssels stehen, den Christus Petrus gab. Auf dem weißen Band sieht man die Schlüssel und darüber die Tiara des Papstes. Seit 1929 ist die Flagge die Staatsflagge des Vatikan.

U–Z

Weißrussland

Republik Weißrussland, auch Belarus

Hauptstadt: Minsk
Fläche: 207 595 km²
Einwohner: 9 881 000
Sprachen: Weißrussisch, Russisch
Währung: Belarus-Rubel

Mitglied: GUS, OSZE, UNO
Wirtschaft: Exportiert werden u. a. mineralische Rohstoffe, Maschinen, Fahrzeuge, Chemie- und Kunststofferzeugnisse.

Die heutige Flagge wurde nach einem Referendum eingeführt. Als Belarus 1991 unabhängig wurde, benutzte man zunächst noch die traditionelle rot-weiß-rote Flagge. Doch 1995 wurde die Flagge in ihrer heutigen Form eingeführt. Sie erinnert an die Flagge der früheren sowjetischen Republik Belarussland. Das schmale Band stellt ein gewebtes Tuch im Muster der Nationaltracht dar. Rot steht für Sozialismus, Grün für die Landwirtschaft und die Wälder.

Ldspr.: Byelarus (Weißrussisch)
Engl.: Belarus
Franz.: Biélorussie
Span.: Belorrusia

Zypern

Republik Zypern

Hauptstadt: Nikosia
Fläche: 9 251 km²
Einwohner: 770 000
Sprachen: Griechisch, Türkisch
Währung: Zypern-Pfund

Mitglied: EU (griechischer Teil), OSZE, UNO
Wirtschaft: Industrie- und landwirtschaftliche Erzeugnisse

Der weiße Untergrund der Nationalflagge und der Olivenzweig stehen für ein friedliches Miteinander der griechischen und türkischen Zyprioten. Die Insel selbst ist goldfarben dargestellt und weist auf die Kupferfunde hin, die der Insel auch ihren Namen gegeben haben (Kypros = Kupfer). Diese Flagge sieht man seit der Teilung nur im griechischen Teil der Insel. Im türkischen Norden sieht man eine Abwandlung der türkischen Nationalflagge. Die „Türkische Republik von Nordzypern" ist nur von der Türkei anerkannt.

Ldspr.: Kypriakí Dimokratía (Griechisch)
       Kıbrıs Cumhuriyeti (Türkisch)
Engl.: Cyprus
Franz.: Chypre
Span.: Chipre

Afrika – der Schwarze Kontinent – erstreckt sich 8 000 km von Norden nach Süden und über 7 600 km von Westen nach Osten. Er nimmt mit 30,3 Millionen km² ein Fünftel der gesamten Landfläche der Erde ein. 846 Millionen Menschen leben in Afrika, das sind 14 % der Weltbevölkerung. 41 % der Bevölkerung gehören dem Islam an, 48 % sind Christen. Afrika besteht aus 53 unabhängigen, von der UN anerkannten Staaten. Das größte Land ist der Sudan, das kleinste Gambia. Die größte Stadt ist Kairo mit 15 Millionen Einwohnern.

Afrika war – aufgrund seiner Größe und teilweise extrem schwierigen Erschließbarkeit – der letzte Kontinent, der von den Europäern kolonialisiert und ausgebeutet wurde. Erst nach dem Zweiten Weltkrieg begann der Kampf vieler Länder um ihre Souveränität bzw. entließen die Herrscherländer die Völker schrittweise in die Unabhängigkeit, was sich in den meisten Fällen relativ friedlich vollzog. Mit der Unabhängigkeit entschieden sich die meisten Länder auch für eine Neugestaltung ihrer Flaggen, die wieder auf traditionellen Symbolen und Farben beruhen sollten. Die panafrikanischen Farben Rot, Gelb und Grün sind auf vielen Flaggen zu sehen; manche Embleme zeigen auch Waffen oder Schilde, die an die Vorfahren erinnern.

AFRIKA

Ägypten

Ldspr.: Misr
Engl.: Egypt
Franz.: Égypte
Span.: Egipto

Arabische Republik Ägypten

Hauptstadt: Kairo
Fläche: 1 002 000 km²
Einwohner: 67 559 000
Sprache: Arabisch
Währung: Ägypt. Pfund
Mitglied: AU, UNO

Wirtschaft: Hauptexportwaren sind Brennstoffe, Öle, Vorerzeugnisse.

Rot, Weiß und Schwarz sind die panarabischen Farben; außerdem stehen sie für die ehemaligen Dynastien der Haschemiten (Rot), Omajjaden (Weiß) und Abbasiden (Schwarz). In der ägyptischen Flagge ist die Revolution von 1952 (Abschaffung der Monarchie) verewigt: Rot steht für das geopferte Leben, Weiß für die strahlende Zukunft und Schwarz für die dunkle koloniale Vergangenheit. Das weiße Band wird vom Saladin-Adler geziert.

Algerien

Ldspr.: Al Jaza'ir
Engl.: Algeria
Franz.: Algérie
Span.: Argelia

Demokratische Volksrepublik Algerien

Hauptstadt: Algier
Fläche: 2 381 741 km²
Einwohner: 31 833 000
Sprache: Arabisch
Währung: Alger. Dinar
Mitglied: AU, OPEC, UNO

Wirtschaft: Hauptexportgut von Algerien sind Kohlenwasserstoffe (97 %).

Die Farben der algerischen Flagge stehen für den Islam (Grün), Reinheit (Weiß) und Freiheit (Rot). Der Stern und die Sichel stehen ebenfalls für den Islam. Die Mondsicheln sind außergewöhnlich lang, denn lange Hörner gelten in Algerien als Glücksbringer. 1925 sah man die Flagge zum ersten Mal bei Demonstrationen gegen die Franzosen. Seit 1962 ist sie offizielle Nationalflagge.

Angola

Republik Angola

Hauptstadt: Luanda
Fläche: 1 246 700 km²
Einwohner: 13 522 000
Sprache: Portugiesisch
Währung: Kwanza
Mitglied: AU, UNO

Wirtschaft: 72 % der Angolaner arbeiten in der Landwirtschaft; exportiert werden vor allem Rohöl und Erdölerzeugnisse.

Das rote Band steht für das Blut, das das angolanische Volk während der Kolonialherrschaft der Portugiesen und im nachfolgenden Befreiungskrieg vergossen hat. Schwarz repräsentiert den afrikanischen Kontinent. Das halbe Zahnrad steht für Arbeiterklasse und Industrie; die Machete repräsentiert die Klasse der Bauern und den Kampf. Der gelbe Stern mit fünf Zacken steht für Fortschritt.

Ldspr.: Angola
Engl.: Angola
Franz.: Angola
Span.: Angola

Äquatorialguinea

Republik Äquatorialguinea

Hauptstadt: Malabo
Fläche: 28 051 km²
Einwohner: 494 000
Sprache: Spanisch
Währung: CFA-Franc
Mitglied: AU, UNO

Wirtschaft: Hauptexportgut ist Erdöl. Es wird überwiegend in die USA, nach Spanien und in die VR China exportiert.

Das rote Band der Flagge steht für den Unabhängigkeitskampf, das weiße für die Liebe zum Frieden und das grüne symbolisiert die Natur des Landes und die Ressourcen. Das blaue Dreieck am Flaggenstock steht für das Meer. In der Mitte des weißen Streifens ist ein Kapokbaum abgebildet. Die sechs Sterne über ihm repräsentieren das Festland und die fünf Inseln.

Ldspr.: Guinea Ecuatorial
Engl.: Equatorial Guinea
Franz.: Guinée équatoriale

AFRIKA

Äthiopien

Ldspr.: Ityop'iya
Engl.: Ethiopia
Franz.: Éthiopie
Span.: Etiopía

Demokratische Bundesrepublik Äthiopien

Hauptstadt: Adis Abeba
Fläche: 1 133 380 km²
Einwohner: 68 613 000
Sprache: Amharisch
Währung: Birr
Mitglied: AU, UNO

Wirtschaft: Exportiert werden vor allem Kaffee, aber auch Häute und Felle, Ölsaaten, Gold und Hülsenfrüchte.

Die Farben der panafrikanischen Flaggen basieren auf der Flagge Äthiopiens: Grün, Gelb und Rot. Grün steht für Fruchtbarkeit, Frieden und Leistung, Gelb symbolisiert Hoffnung, Gerechtigkeit und Gleichheit und Rot steht für Arbeit und Heldenmut. Die Farbe Blau des Wappens steht für Frieden, das Pentagramm für Einheit, die Sonnenstrahlen für Gleichheit.

Benin

Ldspr.: Benin
Engl.: Benin
Span.: Benín

Republik Benin

Hauptstadt: Porto Novo
Fläche: 112 622 km²
Einwohner: 6 720 000
Sprache: Französisch
Währung: CFA-Franc
Mitglied: AU, UNO

Wirtschaft: Hauptexportwaren sind Baumwolle (65 %), Nüsse und Gold.

Die Flagge zeigt die panafrikanischen Farben Gelb, Rot und Grün. Hier steht Gelb für die Savannen im Norden, Grün für Palmenhaine im Süden und Rot für den hügeligen Norden, aber auch für das vergossene Blut vieler Menschen im Unabhängigkeitskampf. Diese Flagge wehte von 1960 bis 1975, wurde dann durch die Flagge der Partei der Volksrevolution ersetzt und erst 1990 wieder eingeführt.

Botsuana

Republik Botsuana, auch Botswana

Hauptstadt: Gaborone
Fläche: 581 730 km²
Einwohner: 1 722 000
Sprache: Englisch
Währung: Pula
Mitglied: AU, UNO

Wirtschaft: Diamanten (84 %). 86 % der exportierten Waren gehen nach Großbritannien.

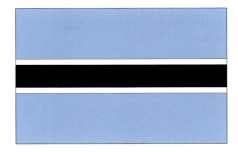

Ldspr.: Botswana
Franz.: Botswana
Span.: Botsuana

Das Blau nimmt in der Flagge Botsuanas großen Raum ein, und das ist nicht verwunderlich: Es steht für den Himmel, der Regen spenden soll, und gleichzeitig für das Wasser, nach dem die Bevölkerung so verzweifelt dürstet. Der schwarze Balken mit den weißen schmalen Streifen symbolisiert die schwarze Mehrheit und die weiße Minderheit, die in friedlicher Gemeinschaft leben.

Burkina Faso

Burkina Faso

Hauptstadt: Ouagadougou
Fläche: 274 200 km²
Einwohner: 12 109 000
Sprache: Französisch
Währung: CFA-Franc

Mitglied: AU, UNO
Wirtschaft: Burkina Faso exportiert hauptsächlich Baumwolle, aber auch Tiere und tierische Nahrungsmittel.

Ldspr.: Burkina Faso
Engl.: Burkina Faso
Span.: Burkina Faso

Die Flagge von Burkina Faso zeigt die panafrikanischen Farben Rot, Grün und Gelb. Rot repräsentiert die Revolution, Grün steht für die Hoffnung der Menschen, eine Umgestaltung des Staatswesens zu erreichen; außerdem repräsentiert Grün die natürlichen Ressourcen des Landes. Der Stern steht für die Anführer der Revolution, seine gelbe Farbe mahnt, die reichen Bodenschätze nicht zu vergessen.

AFRIKA

Burundi

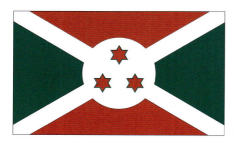

Ldspr.: Burundi (Kirundi)
Engl.: Burundi
Franz.: Burundi
Span.: Burundi

Republik Burundi

Hauptstadt: Bujumbura
Fläche: 27 834 km²
Einwohner: 7 206 000
Sprachen: Kirundi, Französisch
Währung: Burundi-Franc
Mitglied: AU, UNO

Wirtschaft: Burundi exportiert Kaffee (50 %) sowie Tee und Gold.

Burundi erhielt 1962 seine Unabhängigkeit von zunächst deutscher, dann belgischer Kolonialherrschaft. Die Flagge in ihrer heutigen Form wurde 1967 eingeführt. Die Farbe Rot steht für das vergossene Blut im Unabhängigkeitskampf, während Grün für Hoffnung steht und Weiß für Frieden. Die drei Sterne im Zentrum stehen für die Volksstämme Tutsi, Hutu und Twa und gleichzeitig für Einheit, Arbeit und Fortschritt.

Dschibuti

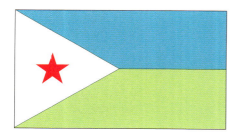

Ldspr.: Dschibuti (Arabisch)
        Djibouti (Französisch)
Engl.: Djibouti
Span.: Yibuti

Republik Dschibuti

Hauptstadt: Dschibuti
Fläche: 23 200 km²
Einwohner: 705 000
Sprachen: Arabisch, Französisch
Währung: Dschibuti-Franc
Mitglied: AU, UNO

Wirtschaft: Dschibuti exportiert vor allem Häute, Felle und andere Viehzuchtprodukte.

Das blaue Band vertritt das Volk der Issa, das grüne steht für das Volk der Afar. Diese beiden ethnischen Gruppen machen den Großteil der Bevölkerung von Dschibuti aus. Das weiße Dreieck soll das friedliche politische Miteinander der beiden Volksgruppen symbolisieren, der Stern steht für die Einheit des Volkes.

B-E

Elfenbeinküste

Elfenbeinküste, auch Republik Côte d'Ivoire

Hauptstadt: Yamoussoukro
Fläche: 322 462 km²
Einwohner: 16 835 000
Sprache: Französisch
Währung: CFA-Franc
Mitglied: AU, UNO

Wirtschaft: Hauptexportwaren sind Kakao und Kakaoprodukte, außerdem Erdölprodukte, Fisch und Holzprodukte.

Die Anordnung der Streifen entspricht der französischen Trikolore. Die Farben repräsentieren die Savannen des Nordens und das Volk (Orange), die Flüsse, Frieden und Einheit (Weiß) und die Wälder des Südens (Grün). Die Dreiheit der Farben versinnbildlicht außerdem das Motto des Landes: Einheit, Disziplin, Arbeit.

Ldspr.: Côte d'Ivoire
Engl.: Ivory Coast
Span.: Costa de Marfil

Eritrea

Staat Eritrea

Hauptstadt: Asmara
Fläche: 121 144 km²
Einwohner: 4 390 000
Sprachen: Tigrinya, Arabisch
Währung: Nafka
Mitglied: AU, UNO

Wirtschaft: Nahrungsmittel und lebende Tiere

Die drei farbigen Dreiecke in der Flagge stehen für landwirtschaftlichen Reichtum (Grün), Schätze des Meeres (Blau) und das vergossene Blut während der Unabhängigkeitskämpfe (Rot). Die Olivenpflanze und der Olivenkranz stehen für Frieden und Gedeihen des Landes. 1993 erreichte Eritrea Unabhängigkeit von Äthiopien. Seitdem gibt es die Flagge in ihrer heutigen Form.

Ldspr.: Ertra (Tigrinya)
Engl.: Eritrea
Franz.: Érythrée
Span.: Eritrea

AFRIKA

Gabun

Ldspr.: Gabon
Engl.: Gabon
Franz.: Gabon
Span.: Gabón

Gabunische Republik

Hauptstadt: Libreville
Fläche: 267 667 km²
Einwohner: 1 344 000
Sprache: Französisch
Währung: CFA-Franc
Mitglied: AU, UNO

Wirtschaft: Hauptexportgüter sind Erdöl, Holz und Mangan; USA ist Hauptabnehmer mit 56 %. Gesamtmenge EU 11 %.

Die Flagge Gabuns ist eine der wenigen Flaggen in Schwarzafrika, die nicht die panafrikanischen Farben zeigt. Die Farben repräsentieren die geografischen Gegebenheiten des Landes: Grün steht für die riesigen Wälder, Gelb für die sonstigen natürlichen Ressourcen und Blau repräsentiert das Meer. Gabun wurde erst 1960 unabhängig und war bis dahin eine Provinz von Französisch-Äquatorialguinea.

Gambia

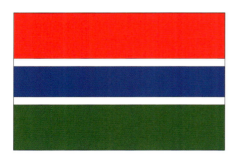

Ldspr.: The Gambia
Franz.: Gambie
Span.: Gambia

Republik Gambia

Hauptstadt: Banjul
Fläche: 11 295 km²
Einwohner: 1 421 000
Sprache: Englisch
Währung: Dalasi
Mitglied: AU, UNO

Wirtschaft: Hauptexportwaren sind Erdnüsse, Fisch und Fischprodukte.

Gambia ist das kleinste Land auf dem afrikanischen Kontinent. Es wurde 1965 unabhängig von Großbritannien und zur gleichen Zeit wurde auch die Flagge eingeführt. Die Farben sind nicht politisch inspiriert: Rot steht für die Sonne und die Savanne, Blau für den Fluss Gambia und Grün für die Wälder und die Landwirtschaft. Die schmalen weißen Streifen stehen für die Einheit, Frieden und Freiheit.

Ghana

Republik Ghana

Hauptstadt: Accra
Fläche: 238 537 km²
Einwohner: 20 669 000
Sprache: Englisch
Währung: Cedi
Mitglied: AU, UNO

Wirtschaft: Ghana exportiert Gold, Kakao und Holz, vor allem in die Niederlande, nach Großbritannien, Frankreich und Deutschland.

Ghanas Flagge zeigt die panafrikanischen Farben. Rot ist den Freiheitskämpfern gewidmet, Gelb steht für den Wohlstand des Landes und Grün repräsentiert die fruchtbaren Felder und die Wälder. Der schwarze Stern symbolisiert die Freiheit Afrikas. Die Flagge wurde 1957 eingeführt, als Ghana als erste britische Kolonie Unabhängigkeit gewann.

Ldspr.: Ghana
Franz.: Ghana
Span.: Ghana

Guinea

Republik Guinea

Hauptstadt: Conakry
Fläche: 245 857 km²
Einwohner: 7 909 000
Sprache: Französisch
Währung: Guinea-Franc
Mitglied: AU, UNO

Wirtschaft: Aluminium und Aluminiumprodukte, 21 % Gold.

Die Trikolore Guineas wurde 1958 eingeführt, als das Land von Frankreich unabhängig wurde. Zuvor war es ein Teil von Französisch-Westafrika gewesen. Die panafrikanischen Farben symbolisieren die Selbstaufopferung des Volkes während des Unabhängigkeitskampfes (Rot), die Sonne und den Reichtum an Bodenschätzen (Gelb) und die üppige Vegetation des Landes (Grün).

Ldspr.: Guinée
Engl.: Guinea
Span.: Guinea

AFRIKA

Guinea-Bissau

Ldspr.: Guiné-Bissau
Engl.: Guinea-Bissau
Franz.: Guinée-Bissao; la Guinée-Bissau
Span.: Guinea-Bissau

Republik Guinea-Bissau

Hauptstadt: Bissau
Fläche: 36 125 km²
Einwohner: 1 489 000
Sprache: Portugiesisch
Währung: CFA-Franc
Mitglied: AU, UNO

Wirtschaft: Cashewnüsse (96 %); Hauptabnehmer ist Indien.

Die Flagge von Guinea-Bissau wurde 1973 eingeführt, als das Land von Portugal unabhängig und eine Republik gegründet wurde. Der Name Guinea-Bissau wurde gewählt, damit es sich von seinem Nachbarland unterscheidet. Die panafrikanischen Farben symbolisieren das vergossene Blut (Rot), Sonne und Wohlstand (Gelb) und die reiche Vegetation (Grün). Der schwarze Stern steht für die Einheit Afrikas.

Kamerun

Ldspr.: Cameroun (Französisch)
Engl.: Cameroon
Span.: Camerún

Republik Kamerun

Hauptstadt: Yaoundé
Fläche: 475 442 km²
Einwohner: 16 087 000
Sprachen: Französisch, Englisch
Währung: CFA-Franc
Mitglied: AU, UNO

Wirtschaft: Kamerun exportiert Erdöl, Baumwolle und Textilfasern, Kakao, Aluminium und Kaffee.

Die panafrikanischen Farben der Flagge Kameruns sind nach der französischen Trikolore angeordnet. Die reiche Vegetation und die Hoffnung auf Wohlstand drücken sich in der grünen und der gelben Bahn aus. Die rote Bahn symbolisiert die Staatshoheit. Der Stern steht für die Einheit des Landes, das bis 1961 aus Französisch-Kamerun und Britisch-Kamerun bestanden hatte. Er wurde 1975 in der jetzigen Form eingefügt.

Kap Verde

Republik Kap Verde

Hauptstadt: Cidade de Praia
Fläche: 4 036 km²
Einwohner: 470 000
Sprache: Portugiesisch
Währung: Kap-Verde-Escudo

Mitglied: AU, UNO
Wirtschaft: Hauptexportgüter sind Kleidung und Schuhe (zusammen 89 %), Portugal ist der Hauptabnehmer.

Kap Verde wurde 1975 von Portugal unabhängig, das es seit dem 15. Jahrhundert besetzt hatte. Der blaue Grund der Flagge symbolisiert den Himmel und das Meer, die zehn Sterne repräsentieren die zehn Inseln, aus denen das Land besteht. Die weißen Bänder stehen für Frieden und Harmonie, während das rote Band für den Fortschritt steht und für die Anstrengungen, die unternommen werden müssen.

Ldspr.: Cabo Verde
Engl.: Cape Verde
Franz.: Cap-Vert
Span.: Cabo Verde

Kenia

Republik Kenia

Hauptstadt: Nairobi
Fläche: 580 367 km²
Einwohner: 31 916 000
Sprache: Swahili
Währung: Kenia-Schilling
Mitglied: AU, UNO

Wirtschaft: Kenia exportiert unter anderem Mineralölerzeugnisse, Tee, Rohstoffe, Fertigwaren und Kaffee.

Kenia wurde 1963 unabhängig und trat 1964 dem Commonwealth bei. Die Farben der Flagge sind die Farben der „Kenya African National Union" (KANU), die mit der Unabhängigkeit an die Macht kam. Schwarz steht für das Volk, Rot für das im Freiheitskampf vergossene Blut und Grün für die Vegetation. Die weißen Bänder stehen für Einheit und Frieden. Der Massai-Schild mit den Speeren erinnert an die Ahnen und steht für die Bereitschaft, die Freiheit zu verteidigen.

Ldspr.: Kenya
Engl.: Kenya
Franz.: Kenya
Span.: Kenia

AFRIKA

Komoren

Union der Komoren

Ldspr.: Comores (Komorisch)
Engl.: Comoros
Franz.: Comores
Span.: Comoras

Hauptstadt: Moroni
Fläche: 1 862 km²
Einwohner: 600 000
Sprachen: Komorisch, Französisch
Währung: Komoren-Franc
Mitglied: AU, UNO
Wirtschaft: Vanille, Nelken, Ylang-Ylang

1975 wurden die Komoren von Frankreich unabhängig. Die erste Flagge danach war rot und zeigte islamische Symbole. Mit der Annahme einer neuen Verfassung und eines neuen Namens „Union der Komoren" wurde die neue Flagge eingeführt. Das grüne Dreieck und der Halbmond stehen für den Islam, die vier Sterne und die vier Streifen vertreten die vier Hauptinseln Moheli (Gelb), Mayotte (Weiß), Anjouan (Rot) und Grand Comoro (Blau).

Kongo (Dem. Republik)

Demokratische Republik Kongo

Ldspr.: République Démocratique du Congo
Engl.: Democratic Republic of the Congo
Span.: República Democrática del Congo

Hauptstadt: Kinshasa
Fläche: 2 344 885 km²
Einwohner: 53 153 000
Sprache: Französisch
Währung: Kongo-Franc
Mitglied: AU, UNO
Wirtschaft: Hauptexportware sind Diamanten (58 %), außerdem Rohöl, Kupfer, Kobalt und Gold.

Die heutige Nationalflagge der Demokratischen Republik Kongo wurde am 18. Februar 2006 nach der Ratifizierung der neuen Verfassung eingeführt. Sie ähnelt der Flagge, die von 1963–1971 gültig war. Der blaue Untergrund symbolisiert den Frieden und der Stern die Einheit. Der rote Streifen steht für das Blut der Märtyrer und der goldene Rahmen für den Reichtum des Landes.

Kongo (Republik)

Republik Kongo

Hauptstadt: Brazzaville
Fläche: 342 000 km²
Einwohner: 3 757 000
Sprache: Französisch
Währung: CFA-Franc
Mitglied: UNO

Wirtschaft: Exportiert werden hauptsächlich Rohöl und Holz, vor allem in die VR China, die Republik Korea und die USA.

Die Flagge der Republik Kongo besteht aus den panafrikanischen Farben Rot, Gelb und Grün. Grün symbolisiert die Landwirtschaft, Gelb den Reichtum an Mineralien und Rot steht für die Unabhängigkeit und erinnert daran, dass das Blut aller Rassen rot ist. Die Flagge wurde erstmals 1959 eingeführt, dann erst wieder 1991, als der Marxismus zusammenbrach.

Ldspr.: République du Congo
Engl.: Congo
Span.: Congo

Lesotho

Königreich Lesotho

Hauptstadt: Maseru
Fläche: 30 355 km²
Einwohner: 1 867 000
Sprachen: Sesotho, Englisch
Währung: Loti
Mitglied: AU, UNO

Wirtschaft: Lesotho exportiert in der Hauptsache Kleidung (65 %).

Seit dem 4. Oktober 2006, dem 40. Jahrestag der Unabhängigkeit des Landes, hat das Königreich Lesotho eine neue Flagge. Die Farben Blau, Weiß und Grün stehen für Regen, Frieden und Wohlstand und basieren auf dem Wahlspruch des Landes. In dem weißen Streifen ist ein stilisierter Basotho-Hut abgebildet, eine traditionelle lesothische Kopfbedeckung.

Ldspr.: Lesotho (Sesotho)
Engl.: Lesotho
Franz.: Lesotho
Span.: Lesoto

AFRIKA

Liberia

Ldspr.: Liberia
Franz.: Liberia
Span.: Liberia

Republik Liberia

Hauptstadt: *Monrovia*
Fläche: *97 754 km²*
Einwohner: *3 374 000*
Sprache: *Englisch*
Währung: *Liberianischer Dollar*
Mitglied: *AU, UNO*

Wirtschaft: *Liberia exportiert hauptsächlich Holz und Naturkautschuk, vor allem nach Deutschland, Polen und Frankreich.*

Liberias Flaggenmuster ist dem amerikanischen entlehnt, und die Kolonie wurde 1816 gegründet, um ehemaligen nordamerikanischen Sklaven eine Rückkehr nach Afrika zu ermöglichen. Der Stern steht für das Licht der Hoffnung, für Freiheit und Frieden, die vom liberianischen Staat ausgehen sollen. Das blaue Quadrat symbolisiert den afrikanischen Kontinent. Die Farbe Blau steht für Freiheit, Weiß für Reinheit und Rot für Standhaftigkeit.

Libyen

Ldspr.: al-Dschamāhīriyya al-'arabiyya al-lībiyya asch-scha'biyya al-ischtirākiyya
Engl.: Libya
Franz.: Libye
Span.: Libia

Libysch-Arabische Volksrepublik

Hauptstadt: *Tripolis*
Fläche: *1 775 500 km²*
Einwohner: *5 559 000*
Sprache: *Arabisch*
Währung: *Lib. Dinar*
Mitglied: *AU, OPEC, UNO*

Wirtschaft: *95 % von Libyens Exporten entfallen auf Erdöl und Erdgas. Hauptabnehmer ist Italien.*

Libyen hat als einziges Land der Erde eine einfarbige Nationalflagge. Grün ist die Farbe Mohammeds und des Islam. Außerdem steht das Grün für die „Grüne Revolution", die das Land dem Staatsführer Gaddafi zufolge in ein Land verwandeln wird, das alle benötigten Lebensmittel selbst produziert. Die Grundsätze von Gaddafi sind im so genannten „Grünen Buch" verewigt.

Madagaskar

Republik Madagaskar

Hauptstadt: Antananarivo
Fläche: 587 041 km²
Einwohner: 16 894 000
Sprachen: Madagassisch, Französisch
Währung: Ariary

Mitglied: AU, UNO
Wirtschaft: Hauptexportwaren sind Vanille (24 %) und Krustentiere (18 %).

Die Farben der madagassischen Flagge stehen für Frieden und Freiheit (Weiß), für die Unabhängigkeit des Landes (Rot) und die Hoffnung (Grün). Außerdem basieren die Farben Weiß und Rot auf den Farben des Hochlandvolkes der Merina aus präkolonialer Zeit, während Grün auch die Völker an der Küste repräsentiert. Madagaskar ist seit 1960 unabhängig, die Flagge wurde 1958 eingeführt.

Ldspr.: Madagasikara (Madagassisch)
Engl.: Madagascar
Franz.: Madagascar
Span.: Madagascar

Malawi

Republik Malawi

Hauptstadt: Lilongwe
Fläche: 118 484 km²
Einwohner: 10 962 000
Sprachen: Chichewa, Englisch
Währung: Malawi-Kwacha

Mitglied: AU, UNO
Wirtschaft: Exportiert werden Tabak (57 %), Tee und Zucker. Hauptabnehmer sind Südafrika, USA, Deutschland und Japan.

Das schwarze Band symbolisiert die Völker Afrikas, während die darin aufgehende Sonne für die Hoffnung auf Freiheit des gesamten Kontinents steht. Die Sonne hat übrigens 31 Strahlen. Diese Anzahl weist darauf hin, dass Malawi 1964 als 31. afrikanisches Land unabhängig wurde. Das rote Band in der Mitte erinnert an das Blut der afrikanischen Freiheitskämpfer. Grün symbolisiert die Wälder und Felder Malawis.

Ldspr.: Malaŵi (Chichewa)
Engl.: Malawi
Franz.: Malawi
Span.: Malaui

AFRIKA

Mali

Ldspr.: Mali
Engl.: Mali
Span.: Malí

Republik Mali

Hauptstadt: Bamako
Fläche: 1 240 192 km²
Einwohner: 11 652 000
Sprache: Französisch
Währung: CFA-Franc
Mitglied: AU, UNO

Wirtschaft: Gold, Baumwolle und Viehzucht

Die Flagge von Mali zeigt die panafrikanischen Farben Grün, Gelb und Rot. Das Grün verkörpert die Natur des Landes, Gelb steht für die Bodenschätze. Rot symbolisiert das vergossene Blut der Bevölkerung. Mali gehörte seit 1894 als Verwaltungseinheit „Sudan" zu Französisch-Westafrika. Erst 1960 wurde die Republik Mali gegründet.

Marokko

Ldspr.: Al Maghrib
Engl.: Morocco
Franz.: Maroc
Span.: Marruecos

Königreich Marokko

Hauptstadt: Rabat
Fläche: 458 730 km²
Einwohner: 30 113 000
Sprache: Arabisch
Währung: Dirham
Mitglied: UNO

Wirtschaft: Bekleidung, Strumpfwaren, Ernährungsgüter und Rohstoffe

Schon seit über 300 Jahren hat die heute noch regierende Dynastie der Alawiten eine rote Flagge. Rot ist auch die Farbe der Nachkommen Mohammeds. Das grüne Pentagramm im Zentrum der Flagge steht für Weisheit, Glück und Wohlstand. Es wurde 1915 eingeführt. Der Überlieferung zufolge ist es das Siegel von König Salomon. Die Flagge wurde 1956 mit der Unabhängigkeit des Landes offiziell bestätigt.

Mauretanien

Islamische Republik Mauretanien

Hauptstadt: *Nouakchott*
Fläche: *1 030 700 km²*
Einwohner: *2 848 000*
Sprache: *Arabisch*
Währung: *Ouguiya*
Mitglied: *AU, UNO*

Wirtschaft: *Eisenerz, Fisch und Fischprodukte*

Mauretanien hatte bis 1946 den Status einer Kolonie innerhalb Französisch-Westafrikas; seit 1946 war es ein Überseeterritorium. Im November 1958 wurde die Islamische Republik Mauretanien ausgerufen. Die Nationalflagge zeigt die islamischen Symbole Stern und Halbmond; Grün ist die Farbe des Propheten Mohammed. Gelb steht für die Wüste und die Bodenschätze des Landes.

Ldspr.: al-Dschumhuriyah al-Islumiyah al-Murituniyah
Engl.: Mauritania
Franz.: Mauritanie
Span.: Mauritania

Mauritius

Republik Mauritius

Hauptstadt: *Port Louis*
Fläche: *2 040 km²*
Einwohner: *1 222 000*
Sprachen: *Englisch, Französisch, Kreolisch*
Währung: *Mauritius-Rupie*

Mitglied: *AU, UNO*
Wirtschaft: *Exportiert werden vor allem Bekleidung, Zuckerrohr, Fisch und Textilgarne.*

Die Flagge von Mauritius zeigt vier gleich breite Querstreifen. Rot steht für den Unabhängigkeitskampf, Blau symbolisiert den Indischen Ozean, Gelb steht für das Licht der Freiheit und Grün repräsentiert das fruchtbare Land, Zuckerrohr und die Blumen und Blüten. Mauritius war bis 1810 französische Kolonie und ging dann an Großbritannien. Die jetzige Flagge wurde 1968 zur Unabhängigkeit von Mauritius gestaltet.

Ldspr.: Mauritius (Englisch)
Franz.: Maurice
Span.: Mauricio

AFRIKA

Mosambik

Ldspr.: Moçambique
Engl.: Mozambique
Franz.: Mozambique
Span.: Mozambique

Republik Mosambik

Hauptstadt: Maputo
Fläche: 799 380 km²
Einwohner: 18 791 000
Sprache: Portugiesisch
Währung: Metical
Mitglied: AU, UNO

Wirtschaft: Export von Aluminium und Elektrizität; Hauptabnehmer ist Südafrika.

Mosambik wurde 1975 unabhängig von Portugal. Die Farben der Flagge basieren auf den Farben der Frelimo, der führenden politischen Partei. Grün steht für den landwirtschaftlichen Reichtum, Schwarz für Afrika und Gelb für die reichen Bodenschätze des Landes. Die weißen Streifen stehen für Gerechtigkeit und Frieden. Das rote Dreieck erinnert an den Kampf gegen den Kolonialismus. Die Elemente des Wappens stehen für Marxismus (Stern), Bildung (Buch), Wachsamkeit (Maschinengewehr) und Landwirtschaft (Hacke).

Namibia

Ldspr.: Namibia
Franz.: Namibie
Span.: Namibia

Republik Namibia

Hauptstadt: Windhuk
Fläche: 824 292 km²
Einwohner: 2 015 000
Sprache: Englisch
Währung: Namibia-Dollar
Mitglied: AU, UNO

Wirtschaft: 50 % des Exports von Namibia entfallen auf Diamanten; Abnehmer sind v. a. Südafrika, Großbritannien, Spanien, Deutschland und Japan.

Die Flagge Namibias wurde 1990 eingeführt, als das Land eine unabhängige Republik wurde. Bis dahin war es von Südafrika verwaltet worden (seit 1961). Blau steht für den Himmel und kostbares Wasser; Rot symbolisiert die arbeitende Bevölkerung und ihre Tapferkeit und Grün steht für den Reichtum der Natur. Die goldene Sonne mit 12 Strahlen im blauen Feld symbolisiert Leben und Energie. Die weißen Streifen stehen für das friedliche Zusammenleben aller Menschen in Namibia.

Niger

Republik Niger

Hauptstadt: Niamey
Fläche: 1 267 000 km²
Einwohner: 11 762 000
Sprache: Französisch
Währung: CFA-Franc
Mitglied: AU, UNO

Wirtschaft: Niger exportiert vor allem Erze und Uran, Nahrungsmittel und lebende Tiere.

Niger hat eine horizontale Trikolore in den Farben Orange, Weiß und Grün. Orange steht für die Sahara und die Savanne. Weiß symbolisiert Reinheit und Unschuld und den Fluss Niger. Grün symbolisiert den Regenwald und die fruchtbaren Böden des Nigertals im Süden des Landes, außerdem steht es für Brüderlichkeit. Die Scheibe steht für die Sonne, symbolisiert aber auch einen Schild, der die Verteidigungsbereitschaft des Volkes deutlich macht.

Ldspr.: Niger
Engl.: Niger
Span.: Níger

Nigeria

Bundesrepublik Nigeria

Hauptstadt: Abuja
Fläche: 923 768 km²
Einwohner: 136 461 000
Sprache: Englisch
Währung: Naira
Mitglied: AU, OPEC, UNO

Wirtschaft: Nigerias Hauptexportware ist Erdöl (97 %). 40 % davon gehen in die USA.

Die beiden grünen Streifen stehen für die Fruchtbarkeit des Landes. Der weiße Streifen steht für den großen Fluss Niger, außerdem für Einheit und Frieden. Die Flagge wurde zur Unabhängigkeit 1960 eingeführt. Sie stammte aus einem Wettbewerb, der 1959, ein Jahr vor der Unabhängigkeit, ausgerufen worden war.

Ldspr.: Nigeria
Franz.: Nigeria
Span.: Nigeria

AFRIKA

Réunion

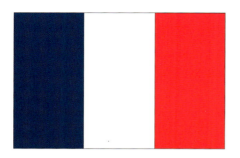

Ldspr.: Réunion (Französisch)
Engl.: Réunion
Span.: Reunión

Departement Réunion

Hauptstadt: Saint Denis
Fläche: 2 512 km²
Einwohner: 753 600
Sprachen: Französisch, Créole, Gujurati
Währung: Euro

Zugehörigkeit: Frankreich
Wirtschaft: Exportiert werden Zucker, Vanille, Rum und Melasse.

Réunion hat den Status „Département d´outre-mer" (Überseedepartement) seit 1946; es ist schon seit 1642 französisch; ursprünglich war es eine französische Strafkolonie für Meuterer. Von 1810 bis 1814 stand es kurz unter britischer Herrschaft. Seit Erklärung des aktuellen Status weht die französische Flagge auf Réunion. Die Einwohner sind ein buntes Völkergemisch aus Franzosen, Afrikanern und Asiaten.

Ruanda

Ldspr.: Rwanda (Kinyarwanda)
Engl.: Rwanda
Franz.: Rwanda
Span.: Ruanda

Republik Ruanda

Hauptstadt: Kigali
Fläche: 26 338 km²
Einwohner: 8 395 000
Sprachen: Kinyarwanda, Französisch, Englisch
Währung: Ruanda-Franc

Mitglied: AU, UNO
Wirtschaft: Ruanda exportiert große Mengen Kaffee und Tee. Hauptabnehmer ist Kenia.

Die Flagge Ruandas wurde nach dem Ende des Bürgerkrieges 2002 eingeführt. Die Farben repräsentieren die Völker Hutu (Blau), Tutsi (Gelb) und Batwa (Grün). Die Flagge symbolisiert ihr friedliches Miteinander unter der Sonne. Außerdem steht Blau für die Notwendigkeit von dauerhaftem Frieden, Gelb für Reichtum des Landes und Grün für die Hoffnung auf Wohlstand und das Nutzen der Ressourcen.

Sambia

Republik Sambia

Hauptstadt: Lusaka
Fläche: 752 614 km²
Einwohner: 10 403 000
Sprache: Englisch
Währung: Kwacha
Mitglied: AU, UNO

Wirtschaft: Kupfer; wichtigste Abnehmer sind Großbritannien, Südafrika und die Schweiz.

Ldspr.: Zambia
Franz.: Zambie
Span.: Zambia

Das große grüne Feld der Flagge symbolisiert den Naturreichtum des Landes. An der Flugseite der Flagge stehen ein roter, ein schwarzer und ein oranger Balken. Sie stehen für den Kampf um die Freiheit (Rot), das Volk Sambias (Schwarz) und die Kupfervorkommen (Orange). Der fliegende Adler symbolisiert den Willen zur Freiheit und die Fähigkeit des Volkes, mit allen Schwierigkeiten fertig zu werden.

São Tomé und Príncipe

Demokratische Republik São Tomé und Príncipe

Hauptstadt: São Tomé
Fläche: 1 001 km²
Einwohner: 157 000
Sprache: Portugiesisch
Währung: Dobra
Mitglied: AU, UNO

Wirtschaft: Hauptexportware ist Kakao (80 %).

Ldspr.: São Tomé e Príncipe
Engl.: São Tomé and Príncipe
Franz.: São Tomé-et-Principe
Span.: Santo Tomé y Príncipe

Die Flagge ist in den panafrikanischen Farben Grün, Rot und Gelb gehalten. Die grünen Bahnen stehen für die Wälder, das gelbe Band in der Mitte repräsentiert die Inselböden, auf denen Kakao wächst. Das rote Dreieck am Liek steht für das im Kampf um die Unabhängigkeit vergossene Blut. Die zwei Sterne im gelben Band stellen die beiden Inseln São Tomé und Príncipe dar. Die schwarze Farbe der Sterne repräsentiert das afrikanische Volk.

AFRIKA

Senegal

Ldspr.: Sénégal
Engl.: Senegal
Span.: Senegal

Republik Senegal

Hauptstadt: Dakar
Fläche: 196 722 km²
Einwohner: 10 240 000
Sprache: Französisch
Währung: CFA-Franc
Mitglied: AU, UNO

Wirtschaft: Nahrungsmittel, Brennstoffe, Schmiermittel und chemische Produkte

Die Flagge von Senegal ist in den panafrikanischen Farben gehalten, die Anordnung entspricht der französischen Trikolore. Grün steht für die Hoffnung, aber auch für die Hauptreligionen: Islam, Christentum und traditionelle Religionen. Gelb steht für den Reichtum der Natur und den Wohlstand, den das Volk durch Arbeit erreichen kann. Das rote Band erinnert an den Unabhängigkeitskampf, steht aber auch für das Leben und soziale Gerechtigkeit. Der grüne Stern in der Mitte symbolisiert Einigkeit.

Seychellen

Ldspr.: Seychelles (Englisch)
Franz.: Seychelles
Span.: Seychelles

Republik Seychellen

Hauptstadt: Victoria
Fläche: 454 km²
Einwohner: 84 000
Sprachen: Kreolisch, Englisch, Französisch
Währung: Seychellen-Rupie

Mitglied: AU, UNO
Wirtschaft: Fisch und Fischprodukte; Hauptabnehmer ist Großbritannien.

Seit der Unabhängigkeit 1976 gab es drei verschiedene Flaggen auf den Seychellen. Die fünf Farben der heutigen Flagge stehen für die beiden größten Parteien: Blau und Gelb sind die Farben der Demokratischen Partei. Rot, Weiß und Grün sind die Farben der „Seychelles Peoples United Party" (SPUP). Außerdem steht Blau für Himmel und Meer, Gelb für die Sonne, Rot für die Arbeit, Weiß für Einklang und soziale Gerechtigkeit und Grün für die Umwelt. Die Flagge in ihrer jetzigen Farbgebung wurde 1996 eingeführt.

Sierra Leone

Republik Sierra Leone

Hauptstadt: Freetown
Fläche: 71 740 km²
Einwohner: 5 337 000
Sprache: Englisch
Währung: Leone
Mitglied: AU, UNO

Wirtschaft: 90 % des Exports entfallen auf Diamanten, dazu kommen Kakao und Kaffee.

Sierra Leone ist seit 1961 von Großbritannien unabhängig. Die Farben für seine Flagge stammen von seinem Wappen, das in London entwickelt worden war. Grün steht für die Landwirtschaft, die Naturschönheiten und die Berge. Das weiße Band symbolisiert Einheit, Frieden und Gerechtigkeit. Das blaue Band steht für das Meer und für die Hoffnung, dass Freetown, der einzige natürliche Hafen des Landes, weiterhin einen großen Beitrag zum Außenhandel und zur wirtschaftlichen Entwicklung des Landes leisten wird.

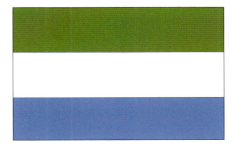

Ldspr.: Sierra Leone
Franz.: Sierra Leone
Span.: Sierra Leona

Simbabwe

Republik Simbabwe

Hauptstadt: Harare
Fläche: 390 757 km²
Einwohner: 13 102 000
Sprache: Englisch
Währung: Simbabwe-Dollar
Mitglied: AU, UNO

Wirtschaft: Tabak, Blumen, Zucker, Mineralien und Industriewaren

Die grünen Streifen der Flagge stehen für Vegetation und Landwirtschaft, die gelben für die Mineralvorkommen; die roten Streifen symbolisieren das Blut, das während der Unabhängigkeitskämpfe geflossen ist. Der schwarze Streifen repräsentiert Afrika, den Schwarzen Erdteil. Das weiße Dreieck am Liek symbolisiert Gerechtigkeit und Frieden. Der rote Stern drückt die sozialistische Staatsphilosophie aus. Der „Große Simbabwe-Vogel" ist das Nationalemblem.

Ldspr.: Zimbabwe
Franz.: Zimbabwe
Span.: Zimbabue

AFRIKA

Somalia

Ldspr.: Soomaaliya
Engl.: Somalia
Franz.: Somalie
Span.: Somalia

Republik Somalia

Hauptstadt: Mogadischu
Fläche: 637 657 km²
Einwohner: 9 626 000
Sprache: Somali
Währung: Somalia-Schilling
Mitglied: AU, UNO
Wirtschaft: Viehzucht, Felle, Häute, Obst und Fisch

Die blaue Farbe ist der Flagge der Vereinten Nationen entlehnt. Der weiße Stern symbolisiert die Freiheit Afrikas und der afrikanischen Völker. Die fünf Zacken des Sterns stehen für die fünf Gebiete, in denen das Volk der Somalis heute lebt: Somalia, das aus dem ehemaligen britischen und italienischen Somaliland entstanden ist (1960), außerdem Dschibuti, Äthiopien und Kenia. Die Flagge wurde schon 1954 von dem ehemaligen Italienisch-Somaliland eingeführt und bei der Unabhängigkeit 1960 übernommen.

St. Helena

Ldspr.: Saint Helena
Franz.: Sainte-Hélène
Span.: Santa Helena

St. Helena

Hauptstadt: Jamestown
Fläche: 410 km²
Einwohner: 4 647
Sprache: Englisch
Währung: Englisches Pfund
Zugehörigkeit: Großbritannien
Wirtschaft: Exportiert werden hauptsächlich Fisch und Kaffee.

St. Helena wurde 1502 von den Portugiesen erobert und 1600 von den Niederländern eingenommen, die es 1650 an Großbritannien verkauften. Seit 1834 britische Kolonie und hat heute den Status „United Kingdom Overseas Territory". Regiert wird St. Helena von einem Gouverneur, und es hat ein eigenes Parlament mit 14 Mitgliedern. Die Flagge ist dunkelblau und zeigt den Union Jack im Gösch sowie das Wappen mit einem britischen Dreimaster am fliegenden Ende.

Südafrika

Republik Südafrika

Hauptstadt: Pretoria
Fläche: 1 219 000 km²
Einwohner: 47 850 700
Sprachen: Englisch, Afrikaans, Ndebele, Nordsotho, Südsotho, Setswana, Swati, Tsonga, Venda, Xhosa, Zulu

Währung: Rand
Mitglied: AU, UNO
Wirtschaft: Exportiert werden Perlen, Edelsteine und Münzen, unedle Metalle und mineralische Stoffe.

Ldspr.: South Africa (Englisch)
Franz.: Afrique du Sud
Span.: Sudáfrica

Die farbenfrohe Flagge Südafrikas wurde 1994 eingeführt, als das Apartheidregime zu Ende war. Gelb, Schwarz und Grün sind die Farben der ANC („African National Congress"), die in dem Jahr an die Macht kam. Rot, Weiß und Blau sind die traditionellen Farben der Burenrepublik (angelehnt an die niederländischen Farben). Das liegende Y steht für die Annäherung der früher zerstrittenen Gruppen und verkörpert die Hoffnung auf Fortschritt und einen gemeinsamen Weg in die Zukunft.

Sudan

Republik Sudan

Hauptstadt: Khartum
Fläche: 2 505 813 km²
Einwohner: 33 546 000
Sprache: Arabisch
Währung: Sudan. Dinar
Mitglied: AU, UNO

Wirtschaft: Erdöl, Fleisch und lebende Tiere

Ldspr.: As-Sudan
Engl.: Sudan
Franz.: Soudan
Span.: Sudán

Bis 1956 wurde das Land von Ägypten und Großbritannien regiert; die Republik Sudan wurde 1968 ausgerufen und im selben Jahr gab es einen Wettbewerb für die Gestaltung der neuen Flagge, die 1970 eingeführt wurde. Rot steht für Revolution, Sozialismus und Fortschritt, Weiß bedeutet Licht, Frieden und Optimismus, während Schwarz für Afrika steht. Das grüne Dreieck am Liek symbolisiert den Islam und die Wohlfahrt.

AFRIKA

Swasiland

Ldspr.: Swaziland (Englisch)
Franz.: Swaziland
Span.: Suazilandia

Königreich Swasiland

Hauptstadt: Mbabane
Fläche: 17 363 km²
Einwohner: 1 169 000
Sprachen: Siswati, Englisch
Währung: Lilangeni
Mitglied: AU, UNO

Wirtschaft: Früchte und Fruchtkonzentrate, Holz und Holzprodukte

Swasiland war bis 1968 britisches Protektorat und wurde von König Mswati III. regiert. Die Flagge wurde bereits 1954 entworfen und basiert auf einer Fahne, die 1941 dem Swasi-Kontingent des britischen Afrika-Korps von König Sobhuza II. übergeben worden war. Eingeführt wurde sie erst 1967. Blau steht für Frieden, Gelb für die Naturschätze. Das rote Mittelband erinnert an die Schlachten der Vergangenheit. Der Swasi-Schild steht für die Kampffähigkeit der Swasi-Krieger.

Tansania

Ldspr.: Tanzania (Swahili)
Franz.: Tanzanie
Span.: Tanzania

Vereinigte Republik Tansania

Hauptstadt: Dodoma
Fläche: 945 087 km²
Einwohner: 35 889 000
Sprachen: Swahili, Englisch
Währung: Tans. Schilling
Mitglied: AU, UNO

Wirtschaft: Hauptexportgüter sind Cashewnüsse, Kaffee, Mineralien, Tabak und Baumwolle.

Das heutige Tansania entstand aus der Vereinigung von Tanganjika und Sansibar 1964. In der Flagge sind die traditionellen Flaggen-Farben der beiden Länder vereint: Grün, Gelb und Schwarz repräsentieren Tanganjika, Blau, Schwarz und Grün Sansibar. Grün steht für das Land, Schwarz für das Volk und Afrika, Blau für das Meer und Sansibar und Gelb für den Reichtum an Mineralien in Tansania.

Togo

Republik Togo

Hauptstadt: Lomé
Fläche: 56 785 km²
Einwohner: 4 861 000
Sprachen: Französisch, Kabyé, Ewe
Währung: CFA-Franc
Mitglied: AU, UNO

Wirtschaft: Exportiert werden bearbeitete Waren, Düngemittel und mineralische Rohstoffe, Nahrungsmittel und lebende Tiere.

Togo war bis 1918 deutsches Schutzgebiet, danach wurde es zwischen Frankreich und Großbritannien aufgeteilt, später unter UN-Aufsicht verwaltet und 1955 bekam es Autonomie. 1960 wurde es unabhängig und erhielt den Namen Togo und die Flagge. Die fünf Streifen stehen für die fünf Regionen des Landes, Grün steht für Landwirtschaft, Gelb für die Bodenschätze. Rot steht für Blut und Weiß für Reinheit und Hoffnung.

Ldspr.: République Togolaise (Franz.)
Engl.: Togo
Span.: Togo

Tschad

Republik Tschad

Hauptstadt: N'Djamena
Fläche: 1 284 000 km²
Einwohner: 8 582 000
Sprachen: Französisch, Arabisch
Währung: CFA-Franc
Mitglied: AU, UNO

Wirtschaft: Hauptexportgüter sind Baumwolle und Viehzuchtprodukte.

Die Flagge des Tschad ist von der Trikolore beeinflusst – die Franzosen hatten das Land 1900 erobert. Die blaue Bahn symbolisiert den Himmel und die Gewässer im Süden; Gelb ist der Leben spendenden Sonne gewidmet und weist auf die Wüsten im Norden des Landes. Rot symbolisiert die Leidenschaft und Opferbereitschaft des Volkes, die zur Unabhängigkeit des Landes (1960) geführt haben.

Ldspr.: Tchad (Französisch)
Engl.: Chad
Span.: Chad

AFRIKA

Tunesien

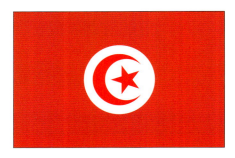

Ldspr.: Tunis
Engl.: Tunisia
Franz.: Tunisie
Span.: Túnez

Tunesische Republik

Hauptstadt: Tunis
Fläche: 163 610 km²
Einwohner: 9 895 000
Sprache: Arabisch
Währung: Tunes. Dinar
Mitglied: AU, UNO

Wirtschaft: Bekleidung, Strickwaren, Schuhe und Öl

Tunesien war bis 1881 Teil des Osmanischen Reiches, dessen traditionelle Reichsfarbe Rot war. Halbmond und Stern sind traditionelle Symbole des Islam. Die tunesische Flagge ähnelt der türkischen Flagge sehr. Das Rot steht auch für das Blut, das im Freiheitskampf vergossen wurde. 1835 stellte man den Halbmond und den Stern in einen weißen Kreis, der die Sonne und die Einheit des Landes symbolisiert.

Uganda

Ldspr.: Uganda (Englisch)
Franz.: Ouganda
Span.: Uganda

Republik Uganda

Hauptstadt: Kampala
Fläche: 241 548 km²
Einwohner: 25 280 000
Sprachen: Swahili, Englisch
Währung: Uganda-Schilling

Mitglied: AU, UNO
Wirtschaft: Uganda exportiert hauptsächlich Kaffee, Tee und Baumwolle, 26 % gehen in die EU-Länder.

Uganda wurde 1962 unabhängig von Großbritannien. Seitdem weht die dreifarbige Flagge mit dem Kranich in der Mitte über dem Land. Sie basiert auf der Parteiflagge der siegreichen Partei (UPC) und wurde mit dem Kranich ergänzt zur Nationalflagge. Die Farben symbolisieren Afrika und seine Bewohner (Schwarz), die Sonne (Gelb) und die Freundschaft der Menschen (Rot).

T-Z

Westsahara

Demokratische Arabische Republik Sahara

Hauptstadt: El-Auiún
Fläche: 266 001 km²
Einwohner: 373 000
Sprache: Arabisch
Währung: Sahuraui-Pesete (marokkanischer Dirham)
Zugehörigkeit: strebt nach Selbstständigkeit
Wirtschaft: überwiegend Landwirtschaft; Armut in den Städten sehr hoch.

Seit 1976 ist Sahara eine Republik, die weltweit von 60 Staaten anerkannt wird. Das Land erklärte sich von Marokko unabhängig; dies wurde aber von Marokko nicht anerkannt. Die UN hatten ein Referendum vorgeschlagen, bei dem über die Autonomie des Landes abgestimmt werden sollte, das aber verschoben wurde. Die Flagge Westsaharas ist in den panarabischen Farben gehalten. Rot steht für das vergossene Blut, Schwarz für die Kolonialherrschaft, Weiß für Frieden und Grün für Fortschritt und den Islam.

Ldspr.: Al-Sahra' al-Garbiyyah
Engl.: Western Sahara
Franz.: Sahara occidental
Span.: Sáhara Occidental

Zentralafrika

Zentralafrikanische Republik

Hauptstadt: Bangui
Fläche: 622 436 km²
Einwohner: 3 881 000
Sprachen: Sango, Französisch
Währung: CFA-Franc
Mitglied: AU, UNO
Wirtschaft: Diamanten, Kaffee, Baumwolle und Holz

Blau, Weiß und Rot sind die Farben der ehemaligen Kolonialmacht Frankreich. Dazu kommen die panafrikanischen Farben Grün, Rot und Gelb. Die Kombination der Farben steht für die Freundschaft und Partnerschaft zwischen Europa und Afrika. Der goldene Stern symbolisiert die Unabhängigkeit des Landes, die 1958 erreicht wurde. Der rote Längsbalken steht außerdem für das Blut aller Rassen und Völker.

Ldspr.: République Centrafricaine (Französisch)
Engl.: Central African Republic
Span.: República Centroafricana

Amerika besteht aus den beiden Erdteilen Nordamerika und Südamerika, die durch die Land- und Inselbrücke Mittelamerika verbunden sind. Der Doppelkontinent ist 42 Mio. km² groß, wobei 17,8 Millionen km² auf Südamerika entfallen, 10 Millionen km² auf Kanada (das zweitgrößte Land der Welt) und 9,6 Millionen km² auf die USA.

Der Doppelkontinent besteht aus 35 unabhängigen, von der UN anerkannten Staaten und vielen kleinen Ländern und Inseln, die von anderen Ländern verwaltet werden. Die größte Stadt ist Mexiko-Stadt mit 8,5 Millionen Einwohnern.

Nachdem Amerika durch Kolumbus entdeckt worden war, kamen Siedler aus Europa ins Land. Nordamerika wurde überwiegend von Briten besiedelt, Mittel- und Südamerika von Spaniern und Portugiesen, was sich heute noch in Kultur und Sprache niederschlägt. Bei der Eroberung und Besiedlung wurden die Indianer, die Ureinwohner, gnadenlos dezimiert, manche Völkergruppen komplett ausgerottet.

Einflussreichstes und bevölkerungsstärkstes Land sind die Vereinigten Staaten von Amerika, die aus 50 Staaten bestehen. Die Flagge der USA, die „Stars and Stripes", war Vorbild für zahlreiche andere Flaggen.

Die Länder Mittelamerikas blicken auf Kolonisation und Befreiungskämpfe zurück. Viele Nationalflaggen sind von der französischen Trikolore inspiriert.

Südamerika besteht aus 13 unabhängigen Staaten. Das größte Land ist Brasilien, das kleinste Suriname.

AMERIKA

Anguilla

Ldspr.: Anguilla
Franz.: Anguilla
Span.: Anguila

Anguilla

Hauptstadt: The Valley
Fläche: 96 km²
Einwohner: 11 430
Sprache: Englisch
Währung: Ostkaribischer Dollar
Zugehörigkeit: Großbritannien
Wirtschaft: Tourismus ist der Hauptdevisenbringer. Exportiert werden Fisch, Meeresfrüchte, Salz und Rum.

Anguilla, seit 1650 britische Kolonie aus den Inseln Anguilla und Sombrero, hat 1967 die Republik ausgerufen. Es folgten Überlegungen über einen Anschluss an St. Kitts und Nevis. Seit 1980 ist Anguilla jetzt „United Kingdom Overseas Territory" mit einem hohen Grad an Selbstverwaltung. Die Flagge ist dunkelblau, trägt am Gösch den Union Jack und rechts daneben das Wappen. Es besteht aus einem Schild mit drei Delfinen, die Einigkeit symbolisieren. Der blaue Streifen steht für die Karibik.

Antigua u. Barbuda

Ldspr.: Antigua and Barbuda
Franz.: Antigua-et-Barbuda
Span.: Antigua y Barbuda

Antigua und Barbuda

Hauptstadt: St. John's
Fläche: 441,6 km²
Einwohner: 79 000
Sprache: Englisch
Währung: Ostkaribischer Dollar
Mitglied: CARICOM, OAS, UNO
Wirtschaft: Maschinen, Erdöl, bearbeitete Waren

Die Sonne steht für eine neue Ära nach der Unabhängigkeit 1967. Das schwarze Feld symbolisiert die afrikanische Herkunft der Bevölkerung. Blau steht für Hoffnung, Weiß für Sand. Der Keil als Ganzes steht für das englische Wort „Victory" – Sieg; hier ist der Sieg über den Kolonialismus gemeint. Die Farben im Keil repräsentieren Sonne, See und Sand. Die roten Dreiecke rechts und links stehen für die Tatkraft der Bevölkerung.

Argentinien

Argentinische Republik

Hauptstadt: Buenos Aires
Fläche: 2 780 403 km²
Einwohner: 36 772 000
Sprache: Spanisch
Währung: Argent. Peso
Mitglied: OAS, UNO

Wirtschaft: Bergbauprodukte, Brennstoffe, Nahrungsmittel

Blau und Weiß versinnbildlichen den Himmel und den Schnee der Anden. Die Farben haben aber auch politischen Ursprung und gehen zurück bis 1810. Die Uniformen der Soldaten von General Belgrano, einem der Anführer des Unabhängigkeitskrieges gegen die Spanier, waren blau-weiß verziert. 1816 wurde die Flagge mit den drei Bändern eingeführt und 1818 kam die Sonne hinzu, die das Nationalsymbol ist.

Ldspr.: Argentina
Engl.: Argentina
Franz.: Argentine

Aruba

Aruba

Hauptstadt: Oranjestad
Fläche: 193 km²
Einwohner: 93 333
Sprachen: Niederländisch, Papiamento, Spanisch, Englisch

Währung: Aruba-Florin
Zugehörigkeit: Niederlande
Wirtschaft: Exportiert werden Tiere und Tierprodukte, Maschinen und elektrische Ausrüstungen.

Aruba gehörte bis 1986 zu den Niederländischen Antillen. Heute ist es ein autonomer Teil der Niederlande mit Parlament, Gouverneur und Regierungschef. Entdeckt wurde es von den Spaniern 1499, seit 1636 steht es unter niederländischer Herrschaft. Die Flagge Arubas ist UN-Blau. Die beiden gelben Streifen am unteren Ende symbolisieren die Regenblume, die Sonne und den Tourismus. Blau steht für Himmel und Meer. Der Stern verkörpert Aruba und die vier Himmelsrichtungen, aus denen die Siedler kamen.

Ldspr.: Aruba (Niederländisch)
Engl.: Aruba
Franz.: Aruba
Span.: Aruba

AMERIKA

Bahamas

Ldspr.: The Bahamas
Franz.: Bahamas
Span.: Bahamas

Commonwealth der Bahamas

Hauptstadt: Nassau
Fläche: 13 939 km²
Einwohner: 317 000
Sprache: Englisch
Währung: Bahama-Dollar

Mitglied: CARICOM, OAS, UNO
Wirtschaft: Fertigwaren, Maschinen, Mineralöle

Die blauen Bänder weisen auf die Schätze des Meeres hin, das die Bahamas umgibt. Der gelbe Streifen stellt die Ressourcen und die endlosen Sandstrände dar. Das Dreieck am Liek steht für Unternehmungsgeist und Entschlossenheit der Bevölkerung; die Farbe Schwarz spiegelt Lebensfreude und Kraft der Menschen wider. Die Flagge wurde in einem Wettbewerb kreiert und 1973 eingeführt.

Barbados

Ldspr.: Barbados
Franz.: Barbados
Span.: Barbados

Barbados

Hauptstadt: Bridgetown
Fläche: 430 km²
Einwohner: 271 000
Sprache: Englisch
Währung: Barbados-Dollar

Mitglied: CARICOM, OAS, UNO
Wirtschaft: Nahrungsmittel, lebende Tiere, Erdöl, Chemikalien

Die blauen Seitenbahnen stehen für das Meer und den Himmel, der goldfarbene Mittelstreifen für die Strände der Karibikinsel. Der Dreizack erinnert an Neptun und zeigt die starke Verbundenheit der Bevölkerung mit dem Meer. Die Tatsache, dass der Schaft abgebrochen ist, drückt den Bruch mit der kolonialen Vergangenheit aus. Die Flagge wurde 1966 zum ersten Mal gehisst, als Barbados Unabhängigkeit erlangte.

Belize

Belize

Hauptstadt: Belmopan
Fläche: 22 965 km²
Einwohner: 274 000
Sprache: Englisch
Währung: Belize-Dollar
Mitglied: CARICOM, OAS, UNO

Wirtschaft: Landwirtschaftliche Produkte, hauptsächlich Fisch und Obst

Ldspr.: Belize
Franz.: Belize
Span.: Belice

Blau und Weiß sind die Farben der „Vereinigten Volkspartei", während Rot die Farbe der Demokratischen Partei ist. In der Mitte der Flagge befindet sich das Nationalwappen, das von einem Kranz von 50 Blättern eingefasst ist, der daran erinnert, dass 1950 der Kampf um die Unabhängigkeit des Landes begonnen hat. Das Wappen gab es bereits seit 1907, als Belize noch Britisch-Honduras war.

Bermuda

Bermuda

Hauptstadt: Hamilton
Fläche: 53 km²
Einwohner: 65 545
Sprachen: Englisch, Portugiesisch
Währung: Bermuda-Dollar

Zugehörigkeit: Großbritannien
Wirtschaft: Tourismus und Finanzwesen

Ldspr.: Bermuda (Englisch)
Franz.: Bermudes
Span.: Bermudas

Bermuda besteht aus rund 360 Inseln, nur über 20 sind bewohnt. Den Namen bekam es von dem spanischen Forscher Juan de Bermúdez, der es 1503 entdeckte. Es ist seit 1648 britische Kolonie; heute hat es den Status „United Kingdom Overseas Territory" mit Selbstverwaltung seit 1968. Regiert wird es von einem Gouverneur, Regierungschef und dem Repräsentantenhaus. Die Flagge zeigt im Gösch den Union Jack und auf der Flugseite das Wappen mit einem Löwen, der einen Schild mit einem Schiffswrack hält.

AMERIKA

Bolivien

Ldspr.: Bolivia (Spanisch)
Engl.: Bolivia
Franz.: Bolivie

Republik Bolivien

Hauptstadt: Sucre
Verwaltung und Regierung: La Paz
Fläche: 1 098 581 km²
Einwohner: 8 814 000
Sprachen: Spanisch, Ketschua, Aimará

Währung: Boliviano
Mitglied: OAS, UNO
Wirtschaft: Erdgas und andere Brennstoffe, Soja, Sojamehl, Zink, Zinn

Der rote Streifen symbolisiert Vaterlandsliebe und Tapferkeit der Soldaten, die für die Unabhängigkeit gekämpft haben. Der gelbe Streifen in der Mitte steht für die reichen Bodenschätze des Landes und repräsentiert das Volk der Inka. Grün symbolisiert die Fruchtbarkeit des Landes, steht aber auch für Hoffnung. Das Wappen zeigt den Berg Potosi, ein Lama, einen Brotfruchtbaum und verschiedene Waffen und Banner.

Brasilien

Ldspr.: Brasil
Engl.: Brazil
Franz.: Brésil
Span.: Brasil

Föderative Republik Brasilien

Hauptstadt: Brasilia
Fläche: 8 547 404 km²
Einwohner: 176 596 000
Sprache: Portugiesisch
Währung: Real
Mitglied: OAS, UNO

Wirtschaft: Metalle und Metallwaren, Soja, Fleisch, Erdöl

Die grüne Farbe steht für die Wälder und den Pflanzenreichtum. Gelb drückt den Reichtum an Bodenschätzen und Mineralien aus. Die gelbe Raute auf grünem Grund zierte die Flagge Brasiliens schon 1822. Die Sternenkonstellation in der Mitte zeigt den Himmel über Rio de Janeiro, wie er am Tage der Ausrufung der Republik zu sehen war. Jeder Stern steht für einen Bundesstaat, wobei die Anzahl zuletzt 1992 korrigiert wurde.

British Virgin Islands

Britische Jungferninseln

Hauptstadt: Road Town
Fläche: 153 km²
Einwohner: 21 000
Sprache: Englisch
Währung: US-Dollar
Zugehörigkeit: Großbritannien

Wirtschaft: Der Hauptdevisenbringer ist Tourismus. Exportiert werden Obst, Rum und Fisch.

Die British Virgin Islands bestehen aus 40 Inseln. Die größten sind Tortola, Anegada, Virgin Gorda und Jost van Dyke. Die Inseln sind seit 1672 britisch und seit 1872 britische Kolonie. Heute sind sie „United Kingdom Overseas Territory" mit Selbstverwaltung, einer Verfassung und einem Parlament. Die Flagge ist dunkelblau, der Union Jack steht im Gösch. Das Wappen der Inseln zeigt die heilige Ursula.

Ldspr.: British Virgin Islands
Franz.: Iles Vierges britanniques
Span.: Islas Vírgenes Británicas

Chile

Republik Chile

Hauptstadt: Santiago de Chile
Fläche: 756 096 km²
Einwohner: 15 774 000
Sprache: Spanisch
Währung: Chilenischer Peso

Mitglied: OAS, UNO
Wirtschaft: Bergbau, Industrieerzeugnisse, Fischfang, Landwirtschaft

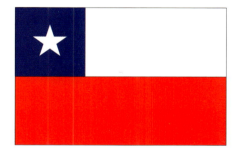

Das weiße Band steht für den Schnee der Anden, das rote Band für das im Freiheitskampf vergossene Blut der Helden. Das blaue Quadrat symbolisiert den Himmel, der weiße Stern soll als Wegweiser in eine fortschrittliche Zukunft gedeutet werden.
Die fünf Strahlen des Sternes stehen für die ursprünglichen fünf Provinzen des Landes. Die Flagge wurde 1817 zur Unabhängigkeit des Landes eingeführt.

Ldspr.: Chile
Engl.: Chile
Franz.: Chili

AMERIKA

Costa Rica

Ldspr.: Costa Rica
Engl.: Costa Rica
Franz.: Costa Rica

Republik Costa Rica

Hauptstadt: San José
Fläche: 51 100 km²
Einwohner: 4 005 000
Sprache: Spanisch
Währung: Costa-Rica-Colón

Mitglied: OAS, UNO
Wirtschaft: Elektronik, Medizintechnik, Bananen, Ananas, Kaffee

Die Farben Weiß und Blau stammen von der Flagge der Zentralamerikanischen Föderation. 1848 wurde auf Anregung der Frau des Präsidenten der Föderation der rote Streifen hinzugefügt. Sie war eine Anhängerin der Ideale der Revolution: Freiheit, Gleichheit, Brüderlichkeit. Das ovale Wappen zeigt die drei höchsten Berge des Landes inmitten des blauen Ozeans. Sieben Sterne im Himmel weisen auf die sieben Provinzen hin.

Dominica

Ldspr.: Dominica
Franz.: Dominique
Span.: Dominica

Dominica

Hauptstadt: Roseau
Fläche: 751 km²
Einwohner: 71 000
Sprache: Englisch
Währung: Ostkaribischer Dollar

Mitglied: CARICOM, OAS, UNO
Wirtschaft: Seife, Bananen; Export v. a. nach Jamaika und Großbritannien

Grün steht für die Vegetation des Landes. Das Kreuz symbolisiert den christlichen Glauben der Bevölkerung, seine Dreifarbigkeit weist auf die göttliche Dreifaltigkeit hin. Außerdem steht Gelb für die Sonne, Schwarz für den Boden und Weiß für die Gewässer. Das Wappen wurde 1961 von Großbritannien vergeben und zeigt den Sisserou-Papagei, den Nationalvogel. Umgeben ist er von zehn Sternen, die für die zehn Gemeinden stehen.

Dominikanische Republik

Hauptstadt: Santo Domingo
Fläche: 48 422 km²
Einwohner: 8 739 000
Sprache: Spanisch
Währung: Dom. Peso

Mitglied: CARICOM (Beobachter), OAS, UNO
Wirtschaft: Nickel, Rohzucker, Kakao, Tabak

Die blauen Rechtecke stehen für Freiheit, während die roten an den Mut der Staatsgründer erinnern. Das weiße Kreuz symbolisiert die christliche Erlösung, außerdem steht es für die Opferbereitschaft der Bevölkerung während des Freiheitskampfes. Das Wappen wiederholt die Flaggenfarben in Form eines Schildes und zeigt eine Bibel, die beim Johannesevangelium aufgeschlagen ist – Symbol der Trinitarier, die den Freiheitskampf gegen Haiti anführten.

Dominikanische Republik

Ldspr.: La Dominicana
Engl.: Dominican Republic
Franz.: République dominicaine

Republik Ecuador

Hauptstadt: Quito
Fläche: 256 370 km²
Einwohner: 13 008 000
Sprache: Spanisch
Währung: US-Dollar
Mitglied: OAS, UNO

Wirtschaft: Erdöl, Industrieerzeugnisse, Bananen, Blumen, Krabben

Die Farben der Flagge Ecuadors basieren auf den Farben der Republik Großkolumbien, der Ecuador 1822 beitrat. Die gelbe Bahn symbolisiert die Sonne und die natürlichen Reichtümer, die blaue Bahn steht für Meer und Himmel und die rote Bahn steht für Mut und ist den Kämpfern gewidmet, die ihr Blut im Kampf für die Freiheit vergossen haben. Das Wappen zeigt die Mündung des Flusses Guaya vor dem Vulkan Chimborasso.

Ecuador

Ldspr.: Ecuador
Engl.: Ecuador
Franz.: Équateur

AMERIKA

El Salvador

Ldspr.: El Salvador
Engl.: El Salvador
Franz.: Salvador; l'El Salvador

Republik El Salvador

Hauptstadt: San Salvador
Fläche: 21 041 km²
Einwohner: 6 533 000
Sprache: Spanisch
Währung: El-Salvador-Colón

Mitglied: OAS, UNO
Wirtschaft: Kaffee macht 1/3 der Exporte aus.

Die Farbgebung der Flagge El Salvadors geht auf die Flagge der Zentralamerikanischen Föderation zurück, die von 1823 bis 1838 bestand. Die beiden blauen Streifen symbolisieren den Ozean und das Karibische Meer (obwohl El Salvador lediglich am Pazifik liegt). Der weiße Mittelstreifen steht für Frieden. Im Mittelstreifen befindet sich das Wappen, das aus einem dreieckigen Schild besteht, das Judikative, Legislative und Exekutive versinnbildlicht. Fünf Vulkane und fünf Flaggen stehen für die fünf Regionen.

Falkland-Inseln

Ldspr.: Falkland Islands
Franz.: Iles Falkland
Span.: Islas Malvinas

Falkland-Inseln

Hauptstadt: Stanley
Fläche: 12 173 km² und 200 kleine Inseln
Einwohner: 2 913 und 1 500 britische Soldaten
Sprache: Englisch

Währung: Falkland-Pfund
Zugehörigkeit: Großbritannien
Wirtschaft: Tierzucht für Fleisch, Häute und Felle

Die Falkland-Inseln waren seit 1838 britische Kolonie. Seit 1985 haben sie eine Verfassung und ein Parlament. Ihr Status lautet „United Kingdom Overseas Territory". Die Flagge ist dunkelblau, in der Gösch steht der Union Jack, daneben das Wappen der Inseln. Es zeigt im weißen Kreis einen Schild, in dessen oberem Teil ein Widder steht, der die Bedeutung der Wolle verkörpert. Die Wellenbänder stellen das Meer dar, das Schiff die „Desire", auf der der Entdecker der Inseln 1592 segelte.

E-G

Französisch-Guyana

Hauptstadt: Cayenne
Fläche: 83 534 km²
Einwohner: 173 000
Sprachen: Französisch, Créole
Währung: Euro

Zugehörigkeit: Frankreich
Wirtschaft: Exportiert werden Rum, Shrimps, Holz, Gold und Textilien.

Schon 1604 siedelten die ersten Franzosen im Land und 1817 wurde das Land Besitz Frankreichs. 1946 wurde es zu einem Überseedepartement von Frankreich erklärt und es erhielt begrenzte Selbstverwaltung. Ende des 19. Jahrhunderts erklärte Brasilien seinen Anspruch auf das Gebiet und der Grenzstreit wurde erst 1900 zugunsten Frankreichs geklärt. Die Flagge ist die französische Trikolore.

Ldspr.: Guyane (Französisch)
Engl.: French Guiana
Franz.: Guyane française
Span.: Guayana Francesa

Grenada

Hauptstadt: St. George´s
Fläche: 344,5 km²
Einwohner: 105 000
Sprache: Englisch
Währung: Ostkaribischer Dollar

Mitglied: CARICOM, OAS, UNO
Wirtschaft: Elektronische Bauteile, Muskatnüsse

Grenada wird auch die Gewürzinsel genannt, was sich in der Flagge niederschlägt. Die grünen Dreiecke stehen für die reiche Vegetation und die Muskatnuss zeigt das wichtigste Wirtschaftsgut der Insel. Die gelben Dreiecke symbolisieren die sonnige Lage der Insel und die Herzlichkeit des Volkes. Die sieben Sterne stehen für die sieben Verwaltungsbezirke, die rote Einfassung für die Einigkeit des Volkes. Die Flagge wurde 1974 am Tag der Unabhängigkeit eingeführt.

Ldspr.: Grenada
Franz.: Grenade
Span.: Granada

AMERIKA

Guadeloupe

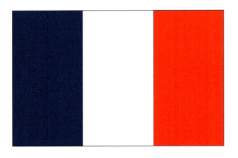

Ldspr.: Guadeloupe (Französisch)
Engl.: Guadeloupe
Span.: Guadalupe

Guadeloupe

Hauptstadt: Basse-Terre
Fläche: 1 705 km²
Einwohner: 435 000
Sprachen: Französisch, Créole
Währung: Euro

Zugehörigkeit: Frankreich
Wirtschaft: Hauptdevisenbringer ist Tourismus; exportiert werden Bananen, Zucker und Rum.

Guadeloupe gehört schon seit 1635 zu Frankreich. Das Land besteht aus neun bewohnten Inseln. Die Bewohner sind zu 77 % Mulatten, 10 % Schwarze, 10 % Kreolen und 120 000 Inder. Seit 1946 ist Guadeloupe ein „Département d´outre-mer" mit eigenem Parlament und einem Präfekten an der Regierung. Wie auch die anderen französischen Übersee-Departements hat Guadeloupe die französische Flagge. Neben dieser gibt es aber noch eine eigene Flagge Guadeloupes, die neben der Trikolore gezeigt werden darf.

Guatemala

Ldspr.: Guatemala
Engl.: Guatemala
Franz.: Guatemala

Republik Guatemala

Hauptstadt: Guatemala
Fläche: 108 889 km²
Einwohner: 12 307 000
Sprache: Spanisch
Währung: Quetzal
Mitglied: OAS, UNO

Wirtschaft: Kleidung, Kaffee, Bananen, Zucker, Erdöl

Die Farbfolge der Flagge stammt von der Flagge der Zentralamerikanischen Föderation. Außerdem stehen die blauen Streifen rechts und links für Atlantik und Pazifik, an denen Guatemala liegt. Blau steht auch für Gerechtigkeit und Weiß für Aufrichtigkeit. Das Wappen zeigt neben Gewehren, Bajonetten und Degen auch den Quetzal, einen seltenen Vogel, der nur in Freiheit überleben kann.

Guyana

Kooperative Republik Guyana

Hauptstadt: Georgetown
Fläche: 214 969 km²
Einwohner: 796 000
Sprache: Englisch
Währung: Guyana-Dollar
Mitglied: CARICOM, OAS, UNO

Wirtschaft: Gold, Zucker, Reis, Schrimps

Ldspr.: Guyana
Franz.: Guyana
Span.: Guyana

Guyana war bis 1966 britische Kolonie und hieß Britisch-Guyana. Die Flagge wurde 1966 eingeführt und hat eine starke Farbsymbolik: Grün weist auf die Landwirtschaft und die Wälder hin, der goldene Pfeil steht für den Reichtum an Bodenschätzen, die weiße Einfassung stellt die Gewässer dar. Der rote Dreieckspfeil steht für die Tatkraft des Volkes beim Aufbau einer unabhängigen Nation. Der schwarze Streifen drückt die Widerstandskraft der Menschen aus.

Haiti

Republik Haiti

Hauptstadt: Port-au-Prince
Fläche: 27 750 km²
Einwohner: 8 440 000
Sprachen: Französisch, Kreolisch

Währung: Gourde
Mitglied: CARICOM, OAS, UNO
Wirtschaft: Fertigwaren und Kaffee

Ldspr.: Haïti (Französisch)
Engl.: Haiti
Span.: Haití

Der blaue Streifen steht für die Bevölkerung und der rote für das Blut, das im Freiheitskampf vergossen wurde. Haiti erklärte seine Unabhängigkeit von den französischen Besatzern im Jahr 1804.
Die bis dahin blau-weiß-rote Trikolore wurde ohne den weißen Streifen neu kreiert, da er an die Besatzer erinnerte. Seit 1840 sind die Streifen horizontal angeordnet. Die beiden Farbbänder symbolisieren heute auch die Einheit von Schwarzen und Mulatten.

AMERIKA

Honduras

Ldspr.: Honduras
Engl.: Honduras
Franz.: Honduras

Republik Honduras

Hauptstadt: Tegucigalpa
Fläche: 112 492 km²
Einwohner: 6 969 000
Sprache: Spanisch
Währung: Lempira
Mitglied: OAS, UNO

Wirtschaft: Schalentiere, Kaffee, Bananen

Honduras war ein Mitglied der Zentralamerikanischen Föderation von der Gründung 1823 bis zur Auflösung 1838. Die heutige Flagge unterscheidet sich kaum von der Flagge der Föderation. Die blauen Streifen symbolisieren die beiden Meere, an denen das Land liegt, der weiße Mittelstreifen steht für den Frieden im Land. Die fünf Sterne wurden 1866 eingeführt und stehen für die fünf Gründerstaaten: Guatemala, Nicaragua, Honduras, Costa Rica und El Salvador.

Jamaika

Ldspr.: Jamaica
Franz.: Jamaïque
Span.: Jamaica

Jamaika

Hauptstadt: Kingston
Fläche: 10 991 km²
Einwohner: 2 643 000
Sprache: Englisch
Währung: Jamaika-Dollar

Mitglied: CARICOM, OAS, UNO
Wirtschaft: Rohstoffe, Nahrungsmittel, Getränke, Tabak

Die Flagge Jamaikas wurde anlässlich der Unabhängigkeit des Landes am 6. August 1962 offiziell eingeführt. Entworfen wurde sie von einem Komitee des jamaikanischen Abgeordnetenhauses. Schwarz steht für die harte Vergangenheit und die Prüfungen, die das Volk immer noch zu bestehen hat. Grün symbolisiert Vegetation und Landwirtschaft, aber auch Hoffnung. Das goldene Diagonalkreuz symbolisiert die Sonne und den natürlichen Reichtum des Landes.

Kaimaninseln

Kaimaninseln

Hauptstadt: George Town
Fläche: 259 km²
Einwohner: 41 000
Sprache: Englisch
Währung: Kaiman-Dollar

Zugehörigkeit: Großbritannien
Wirtschaft: Tourismus und Finanzdienste

Die Kaimaninseln bestehen aus Grand Cayman, Cayman Brac und Little Cayman. Sie sind seit 1670 britisch und haben den Status „United Kingdom Overseas Territory" mit Selbstverwaltung seit 1962. Die Bevölkerung besteht aus Mulatten und Schwarzen und etwa 1600 Weißen. Die Flagge zeigt im Gösch den Union Jack und auf der rechten Seite das Wappen, das seit 1958 besteht. Es zeigt drei Sterne für die drei Inseln, einen Löwen und blaue Wellenlinien. Schildkröte und Ananas stellen die Fauna und Flora dar.

Ldspr.: Cayman Islands
Franz.: Iles Cayman
Span.: Islas Caimán

Kanada

Kanada

Hauptstadt: Ottawa
Fläche: 9 984 670 km²
Einwohner: 31 630 000
Sprachen: Englisch, Französisch
Währung: Kanad. Dollar

Mitglied: G-8, NAFTA, NATO, OAS, OECD, OSZE, UNO
Wirtschaft: Maschinen, Kfz und -teile, Energie, Holz

Die kanadische Flagge mit dem Ahornblatt ist unverwechselbar. Das Ahornblatt ist schon seit Mitte des 19. Jahrhunderts das Nationalsymbol des Landes. Die roten Streifen rechts und links stehen für den Atlantik und den Pazifik, die Kanada im Osten bzw. Westen begrenzen. Die Farbe Rot erinnert an die Opfer im Ersten Weltkrieg. Der breite weiße Streifen in der Mitte symbolisiert die riesigen schneereichen Gebiete im Norden. Die Flagge wurde 1965 eingeführt.

Ldspr.: Canada (Englisch)
Canada (Französisch)
Span.: Canadá

AMERIKA

Kolumbien

Ldspr.: Colombia
Engl.: Colombia
Franz.: Colombie

Republik Kolumbien

Hauptstadt: Bogotá
Fläche: 1 141 748 km²
Einwohner: 44 584 000
Sprache: Spanisch
Währung: Kolumb. Peso
Mitglied: CARICOM (Beobachter), OAS, UNO

Wirtschaft: Erdöl, industrielle Erzeugnisse, Steinkohle, Landwirtschaft

Die Farben der Flagge wurden bereits 1819 bis 1834 von der Republik Groß-Kolumbien benutzt. Dieses Reich zerfiel in Ecuador, Kolumbien und Venezuela, wobei Kolumbien die Flagge übernahm. Das gelbe Band symbolisiert die goldenen Strände von Lateinamerika, die durch das Meer (Blau) von der blutrünstigen Kolonialmacht Spanien (Rot) getrennt werden. Heute deutet man die Farben auch noch anders; sie stehen für Freiheit, Gerechtigkeit und Mut.

Kuba

Ldspr.: Cuba
Engl.: Cuba
Franz.: Cuba

Republik Kuba

Hauptstadt: Havanna
Fläche: 110 860 km²
Einwohner: 11 326 000
Sprache: Spanisch
Währung: Kuban. Peso
Mitglied: OAS (susp.), UNO

Wirtschaft: Zucker, Nickel, Meeresfrüchte, Tabak

Die kubanische Flagge orientiert sich an den Stars and Stripes der USA. Der weiße Stern auf dem Dreieck symbolisiert Kuba, das Anschluss an die USA wollte. Das rote Dreieck am Liek verkörpert die drei Grundelemente der Republik: Freiheit, Gleichheit, Brüderlichkeit. Die drei blauen Streifen stehen für die drei Provinzen, aus denen Kuba bei der Unabhängigkeit bestand. Die beiden weißen Streifen symbolisieren die Reinheit der Revolution.

Mexiko

Vereinigte Mexikanische Staaten

Hauptstadt: Mexiko-Stadt
Fläche: 1 953 162 km²
Einwohner: 106 202 903
Sprache: Spanisch
Währung: Mexikanischer Peso

Mitglied: CARICOM (Beobachter), NAFTA, OAS, OECD, UNO
Wirtschaft: Metallprodukte, Maschinen, Ausrüstungen, Textilien und Leder

Der grüne Streifen am Liek steht für die Unabhängigkeit, der weiße in der Mitte symbolisiert die Reinheit des (katholischen) Glaubens und der rote Streifen rechts repräsentiert die Gleichheit (des Blutes) aller Rassen und Völker des Landes. Das Wappen basiert auf der Mythologie der Azteken: Adler und Schlange stehen für Sonne und Erde und symbolisieren die Verschmelzung der kosmischen Kräfte. Die Flagge existiert in dieser Form seit 1968.

Ldspr.: México
Engl.: Mexico
Franz.: Mexique

Montserrat

Montserrat

Hauptstadt: Brades
Fläche: 102 km²
Einwohner: 4 482
Sprache: Englisch
Währung: Ostkaribik-Dollar

Zugehörigkeit: Großbritannien
Wirtschaft: Tourismus

Montserrat ist seit 1632 britisch. Seit 1960 ist es ein „United Kingdom Overseas Territory" mit Selbstverwaltung. Es hat ein Parlament, eine Gouverneurin und einen Regierungschef. Die Flagge Montserrats ist dunkelblau, in der Gösch findet sich der Union Jack. Das Wappen rechts davon zeigt einen Schild in einer weißen Scheibe und eine Frau, die in der rechten Hand ein Kreuz hält und in der linken eine Harfe. Sie erinnert an die irischen Einwanderer 1632.

Ldspr.: Montserrat
Franz.: Montserrat
Span.: Montserrat

AMERIKA

Nicaragua

Ldspr.: Nicaragua
Engl.: Nicaragua
Franz.: Nicaragua

Republik Nicaragua

Hauptstadt: Managua
Fläche: 120 254 km²
Einwohner: 5 480 000
Sprache: Spanisch
Währung: Córdoba
Mitglied: OAS, UNO

Wirtschaft: Meeresfrüchte, Kaffee, Fleisch, Gold, Zucker

Die Flagge unterscheidet sich kaum von der Flagge der Zentralamerikanischen Föderation, die von 1821 bis 1838 bestand. Die beiden blauen Streifen symbolisieren Karibik und Pazifik, die Nicaragua begrenzen. Der weiße Streifen steht für den Frieden im Land. Das dreieckige Wappen im weißen Streifen steht für Gleichheit, die Phrygische Mütze für Freiheit und die fünf Vulkane repräsentieren die fünf ehemaligen Gründerstaaten der Föderation.

Niederländische Antillen

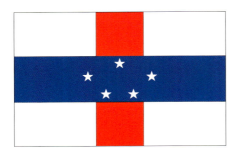

Ldspr.: Nederlandse Antillen (Niederl.)
Engl.: Netherlands Antilles
Franz.: Antilles néerlandaises
Span.: Antillas Neerlandesas

Niederländische Antillen

Hauptstadt: Willemstad
Fläche: 800 km²
Einwohner: 180 592
Sprachen: Niederländisch, Papiamento, Englisch, Spanisch

Währung: Antillanischer Gulden
Zugehörigkeit: Niederlande
Wirtschaft: Exportiert werden Erdölprodukte.

Die Niederländischen Antillen bestehen aus fünf Inseln: Curaçao ist die größte, die anderen sind Bonaire, Sint Maarten (der Südteil), Sint Eustatius und Saba. Die Antillen sind seit 1630 niederländisch; die Autonomie erreichten sie 1954. Die Inseln haben alle eigene Flaggen; nur Sint Eustatius benutzt die Nationalflagge. Weiß, Blau und Rot sind die Farben der Niederlande. Die fünf Sterne auf dem blauen Balken repräsentieren die fünf Inseln.

Panama

Republik Panama

Hauptstadt: Panama
Fläche: 75 517 km²
Einwohner: 2 984 000
Sprache: Spanisch
Währung: Balboa, US-Dollar

Mitglied: OAS, UNO
Wirtschaft: Fisch, Bananen, Garnelen, Melonen, Ananas

Die Farben der Flagge basieren auf den Farben der führenden politischen Parteien des Landes: Rot verwenden die Liberalen, Blau die Konservativen. Weiß steht für das friedliche Miteinander der Parteien. Die beiden Sterne symbolisieren die Städte Panama und Colón, der blaue steht außerdem für Reinheit, der rote für Recht und Ordnung.

Ldspr.: Panamá
Engl.: Panama
Franz.: Panama

Paraguay

Republik Paraguay

Hauptstadt: Asunción
Fläche: 406 752 km²
Einwohner: 5 643 000
Sprachen: Spanisch, Guaraní
Währung: Guaraní

Mitglied: OAS, UNO
Wirtschaft: Früchte zur Ölgewinnung, tierische Fette und Öle

Paraguays Flagge hat eine einmalige Besonderheit: Sie hat auf Vorder- und Rückseite unterschiedliche Embleme. Ansonsten steht das Blau der Trikolore für Gutherzigkeit, das Weiß für Frieden und Einheit und das Rot für Mut, Gleichheit und Gerechtigkeit. Der Stern im Wappen auf der Vorderseite ist ein Symbol für die Unabhängigkeit. Auf der Rückseite ist das Siegel des Schatzamtes abgebildet.

Ldspr.: Paraguay (Spanisch)
Engl.: Paraguay
Franz.: Paraguay

AMERIKA

Peru

Ldspr.: Perú (Spanisch)
Engl.: Peru
Franz.: Pérou

Republik Peru

Hauptstadt: Lima
Fläche: 1 285 216 km²
Einwohner: 27 148 000
Sprachen: Spanisch, Ketschua, Aimará
Währung: Neuer Sol
Mitglied: OAS, UNO
Wirtschaft: Bergbauprodukte, Fisch, Bekleidung

Die breiten roten Balken stehen für das Blut, das die Patrioten vergossen haben. Die weiße Bahn in der Mitte hingegen symbolisiert Recht und Gerechtigkeit. Außerdem ist Rot die Farbe der Quasten der Inka-Könige und Weiß die königliche Farbe schlechthin. Das Wappen zeigt einen Schild mit Symbolen für das Tier- und Pflanzenreich des Landes. Die Flagge wurde 1825 eingeführt.

Puerto Rico

Ldspr.: Puerto Rico (Engl. und Span.)
Franz.: Porto Rico

Freistaat Puerto Rico

Hauptstadt: San Juan
Fläche: 8 959 km²
Einwohner: 3 900 000
Sprachen: Englisch, Spanisch
Währung: US-Dollar
Zugehörigkeit: USA
Wirtschaft: Exportiert werden Rum und Getränkekonzentrate; außerdem Bekleidung und Elektronik.

Puerto Rico wurde 1898 nach dem spanisch-amerikanischen Krieg an die USA abgetreten. Die Bewohner bekamen 1917 amerikanische Staatsbürgerschaft. Puerto Rico hat heute Commonwealth-Status, was bedeutet, dass das Land wie andere Bundesstaaten der USA weitgehend autonom ist. Die Bewohner können aber nicht in den USA wählen. Die Flagge entspricht der Flagge von Kuba, nur sind hier die Streifen rot-weiß statt blau-weiß und das Dreieck ist blau statt rot.

St. Kitts und Nevis

Föderation St. Kitts und Nevis

Hauptstadt: Basseterre
Fläche: 269 km²
Einwohner: 46 700
Sprache: Englisch
Währung: Ostkaribischer Dollar
Mitglied: CARICOM, OAS, UNO
Wirtschaft: Maschinen und Transportausrüstungen, Zucker und -produkte

Das grüne Dreieck symbolisiert die fruchtbaren Böden des Landes. Das schwarze Band steht für das afrikanische Erbe der Bewohner, die überwiegend von afrikanischen Sklaven abstammen. Das rote Dreieck erinnert an die harte Vergangenheit des Landes, das von Sklaverei über Kolonialherrschaft endlich 1983 unabhängig wurde. Die Sterne repräsentieren die beiden Inseln, die schmalen gelben Streifen stehen für die Sonne.

Ldspr.: St. Kitts and Nevis
Franz.: Saint-Christophe-et-Niévès; Saint-Christophe-et-Nevis
Span.: San Cristóbal y Nieves

St. Lucia

St. Lucia

Hauptstadt: Castries
Fläche: 616,3 km²
Einwohner: 161 000
Sprache: Englisch
Währung: Ostkaribischer Dollar
Mitglied: CARICOM, OAS, UNO
Wirtschaft: Bananen, Bier, Kleidung

Der blaue Untergrund steht sowohl für den Himmel als auch für den Ozean. Das Dreieck symbolisiert die Insellage; Gelb steht für Sonnenschein und Wohlstand, Schwarz für den überwiegenden schwarzen Bevölkerungsanteil, das weiße Band symbolisiert die weiße Bevölkerung. In der jetzigen Form besteht die Flagge seit 1979. Sie wurde von einem einheimischen Künstler gestaltet.

Ldspr.: Saint Lucia
Franz.: Sainte-Lucie
Span.: Santa Lucía

AMERIKA

St. Vincent und Grenadinen

Ldspr.: Saint Vincent and the Grenadines
Franz.: Saint-Vincent-et-les-Grenadines
Span.: San Vicente y las Granadinas

St. Vincent und die Grenadinen

Hauptstadt: Kingstown
Fläche: 389,3 km²
Einwohner: 109 000
Sprache: Englisch
Währung: Ostkaribischer Dollar

Mitglied: CARICOM, OAS, UNO
Wirtschaft: Bananen, Mehl, Reis

Das blaue Band links steht für die Karibische See und den wolkenlosen Himmel; Gelb symbolisiert die Wärme und Heiterkeit der Bevölkerung und steht außerdem für die goldgelben Sandstrände. Grün steht für die üppige Vegetation der Inseln und außerdem die Energie der Bewohner. Die stilisierten Diamanten stehen als „V" für Victory, aber auch für den Namen der Insel.

Suriname

Ldspr.: Suriname
Engl.: Suriname
Franz.: Suriname
Span.: Surinam

Republik Suriname

Hauptstadt: Paramaribo
Fläche: 163 265 km²
Einwohner: 438 000
Sprache: Niederländisch
Währung: Suriname-Dollar

Mitglied: CARICOM, OAS, UNO
Wirtschaft: Aluminium, Fisch und Meerestiere

Die grünen Bänder symbolisieren die Fruchtbarkeit des Landes und die Hoffnung, die die Bewohner in die 1975 erreichte Unabhängigkeit von den Niederlanden setzen. Weiß steht für Frieden, Freiheit und Gerechtigkeit. Rot symbolisiert die Liebe zum Vaterland und den Fortschritt. Der goldene Stern steht für die Einheit und die goldene Zukunft des Landes. Außerdem sind die Farben der politischen Parteien durch Rot und Grün vertreten.

Trinidad und Tobago

Republik Trinidad und Tobago

Hauptstadt: Port of Spain
Fläche: 5 128 km²
Einwohner: 1 313 000
Sprache: Englisch
Währung: Trinidad-und-Tobago-Dollar
Mitglied: CARICOM, OAS, UNO
Wirtschaft: Brennstoffe, Schmiermittel, chemische Erzeugnisse

Trinidad und Tobago wurden 1962 unabhängig und seitdem wird die Flagge unverändert gehisst. Die Farbe Rot repräsentiert die Lebenskraft der Bevölkerung, der schwarze Diagonalstreifen ist das einigende Band, das die Solidarität aller Bewohner darstellt. Außerdem repräsentiert es die Bodenschätze Erdgas und Erdöl. Die weißen Einfassungen stehen für das Meer, das die beiden Hauptinseln verbindet, und außerdem für die Gleichheit aller Menschen.

Ldspr.: Trinidad and Tobago
Franz.: Trinité-et-Tobago; Trinidad-et-Tobago
Span.: Trinidad y Tobago

Turks- und Caicos-Inseln

Turks- und Caicos-Inseln

Hauptstadt: Cockburn Town
Fläche: 430 km²
Einwohner: 20 014
Sprachen: Englisch, Kreolisch
Währung: US-Dollar
Zugehörigkeit: Großbritannien
Wirtschaft: Exportiert werden vor allem Meeresfrüchte.

Die Turks- und Caicos-Inseln bestehen aus über 30 Inseln, von denen acht bewohnt sind. Die Bevölkerung setzt sich aus Mulatten und Schwarzen zusammen. Der Status ist „United Kingdom Overseas Territory" mit Selbstverwaltung seit 1962. Die Flagge hat einen dunkelblauen Grund, auf dem in der Gösch der Union Jack steht und auf der fliegenden Seite das Wappen der Turks- und Caicos-Inseln. Es besteht aus einem gelben Schild mit einer Languste, einer Schnecke und einem Kaktus.

Ldspr.: Turks and Caicos Islands (Engl.)
Franz.: Iles Turks-et-Caicos
Span.: Islas Turcas y Caicos

AMERIKA

Uruguay

Ldspr.: Uruguay
Engl.: Uruguay
Franz.: Uruguay

Republik Uruguay

Hauptstadt: Montevideo
Fläche: 176 215 km²
Einwohner: 3 380 000
Sprache: Spanisch
Währung: Urug. Peso
Mitglied: OAS, UNO

Wirtschaft: Tiefkühl-
produkte, Lederwaren,
Getreide

Die Farbgebung der Flagge entspricht der der argentinischen Flagge, während die Gestaltung sich an die Flagge der USA anlehnt. Die neun Streifen repräsentieren die ursprünglich neun Provinzen des Landes. Blau steht für den Frieden, Weiß für die Freiheit. Die Sonne, auch „Sol de Mayo" (Freiheitssonne) genannt, ist seit 1815 das Nationalemblem des Landes und symbolisiert seine Unabhängigkeit.

Venezuela

Ldspr.: Venezuela
Engl.: Venezuela
Franz.: Venezuela

Bolivarische Republik Venezuela

Hauptstadt: Caracas
Fläche: 912 050 km²
Einwohner: 25 674 000
Sprache: Spanisch
Währung: Bolívar
Mitglied: CARICOM
(Beobachter), OAS,
OPEC, UNO

Wirtschaft: Bergbau-
produkte, Metallerzeug-
nisse, chemische Produkte

Die Farben Gold, Blau und Rot werden noch immer so gedeutet wie zu den Zeiten der Freiheitsbewegung 1806, als die Flagge erstmals in dieser Farbkombination gehisst wurde: Das goldene Südamerika wird durch das blaue Meer vom blutroten Spanien getrennt. Außerdem steht Blau für Freiheit, Rot für Mut und Gold für die ursprüngliche Föderation. Die sieben Sterne repräsentieren die sieben Provinzen des Landes.

Amerika und die Bundesstaaten

Vereinigte Staaten von Amerika

Hauptstadt: Washington
Fläche: 9 809 155 km²
Einwohner: 290 810 000
Sprachen: Englisch, Spanisch
Währung: US-Dollar

Mitglied: G-8, NAFTA, NATO, OAS, OECD, OSZE, UNO
Wirtschaft: Computer, Maschinen, Kfz und -teile, chemische Erzeugnisse

Vereinigte Staaten

Ldspr.: United States (Englisch)
Franz.: États-Unis
Span.: Estados Unidos

Seit 1818 wird in der oberen linken Ecke der Flagge mit der Anzahl der Sterne auch die Anzahl der Bundesstaaten der USA dargestellt; die letzte Änderung erfolgte 1960 bei der Aufnahme von Hawaii, seitdem sind es 50 Sterne. Die 13 Streifen beziehen sich auf die Gründerkolonien, die sich zu den Vereinigten Staaten zusammenschlossen und von Großbritannien lossagten. Die Farbe Weiß steht außerdem für Reinheit und Rot für Tapferkeit.

Alabama
The Yellowhammer State
Fläche: 135 775 km²
Hauptstadt: Montgomery

Alaska
The Last Frontier
Fläche: 1 700 138 km²
Hauptstadt: Juneau

Arizona
The Apache State
Fläche: 295 276 km²
Hauptstadt: Phoenix

Arkansas
The Natural State
Fläche: 137 742 km²
Hauptstadt: Little Rock

Colorado
The Centennial State
Fläche: 269 618 km²
Hauptstadt: Denver

Connecticut
The Constitution State
Fläche: 14 358 km²
Hauptstadt: Hartford

AMERIKA

Delaware
The First State
Fläche: 6 448 km²
Hauptstadt: Dover

Florida
The Sunshine State
Fläche: 170 314 km²
Hauptstadt: Tallahassee

Georgia
The Peach State
Fläche: 153 952 km²
Hauptstadt: Atlanta

Hawaii
The Aloha State
Fläche: 28 313 km²
Hauptstadt: Honolulu

Idaho
The Gem State
Fläche: 216 456 km²
Hauptstadt: Boise City

Illinois
The Prairie State
Fläche: 150 007 km²
Hauptstadt: Springfield

Indiana
The Hoosier State
Fläche: 94 328 km²
Hauptstadt: Indianapolis

Iowa
The Hawkeye State
Fläche: 145 754 km²
Hauptstadt: Des Moines

Kalifornien
The Golden State
Fläche: 424 002 km²
Hauptstadt: Sacramento

Kansas
The Sunflower State
Fläche: 213 111 km²
Hauptstadt: Topeka

Kentucky
The Bluegrass State
Fläche: 104 665 km²
Hauptstadt: Frankfort

Louisiana
The Pelican State
Fläche: 134 275 km²
Hauptstadt: Baton Rogue

Amerika und die Bundesstaaten

Maine
The Pine Tree State
Fläche: 91 653 km²
Hauptstadt: Augusta

Maryland
The Old Line State
Fläche: 32 134 km²
Hauptstadt: Annapolis

Massachusetts
The Bay State
Fläche: 27 337 km²
Hauptstadt: Boston

Michigan
The Wolverine State
Fläche: 250 465 km²
Hauptstadt: Lansing

Minnesota
The North Star State
Fläche: 225 182 km²
Hauptstadt: Saint Paul

Mississippi
The Magnolia State
Fläche: 125 443 km²
Hauptstadt: Jackson

Missouri
The Show Me State
Fläche: 180 546 km²
Hauptstadt: Jefferson City

Montana
The Treasure State
Fläche: 380 850 km²
Hauptstadt: Helena

Nebraska
The Cornhusker State
Fläche: 200 358 km²
Hauptstadt: Lincoln

Nevada
The Silver State
Fläche: 286 367 km²
Hauptstadt: Carson City

New Hampshire
The Granite State
Fläche: 24 219 km²
Hauptstadt: Concord

New Jersey
The Garden State
Fläche: 22 590 km²
Hauptstadt: Trenton

AMERIKA

New Mexiko
The Cactus State
Fläche: 314 939 km²
Hauptstadt: Santa Fé

New York
The Empire State
Fläche: 141 080 km²
Hauptstadt: Albany

North Carolina
The Tar Heel State
Fläche: 139 397 km²
Hauptstadt: Raleigh

North Dakota
The Sioux State
Fläche: 183 123 km²
Hauptstadt: Bismarck

Ohio
The Buckeye State
Fläche: 116 103 km²
Hauptstadt: Columbus

Oklahoma
The Sooner State
Fläche: 181 048 km²
Hauptstadt: Oklahoma City

Oregon
The Beaver State
Fläche: 254 819 km²
Hauptstadt: Salem

Pennsylvania
The Keystone State
Fläche: 119 291 km²
Hauptstadt: Harrisburg

Rhode Island
Little Rhody
Fläche: 4 002 km²
Hauptstadt: Providence

South Carolina
The Palmetto State
Fläche: 82 902 km²
Hauptstadt: Columbia

South Dakota
The Mount Rushmore State
Fläche: 199 744 km²
Hauptstadt: Pierre

Tennessee
Volunteer State
Fläche: 109 158 km²
Hauptstadt: Nashville

Amerika und die Bundesstaaten

Texas
The Lone Star State
Fläche: *695 676 km²*
Hauptstadt: *Austin*

Utah
The Beehive State
Fläche: *219 902 km²*
Hauptstadt: *Salt Lake City*

Vermont
The Green Mountain State
Fläche: *24 903 km²*
Hauptstadt: *Montpelier*

Virginia
Old Dominion
Fläche: *110 792 km²*
Hauptstadt: *Richmond*

Washington
The Evergreen State
Fläche: *184 672 km²*
Hauptstadt: *Olympia*

West Virginia
The Mountain State
Fläche: *62 759 km²*
Hauptstadt: *Charleston*

Wisconsin
The Badger State
Fläche: *169 643 km²*
Hauptstadt: *Madison*

Virgin Islands

Amerikanische Jungferninseln

Hauptstadt: *Charlotte Amalie*
Fläche: *352 km²*
Einwohner: *125 000*
Sprachen: *Englisch, Spanisch, Kreolisch*
Währung: *US-Dollar*
Zugehörigkeit: *USA*
Wirtschaft: *Tourismus*

Wyoming
The Equality State
Fläche: *253 349 km²*
Hauptstadt: *Cheyenne*

Der offizielle Status der Virgin Islands lautet „nicht inkorporiertes Territorium der USA". Die Virgin Islands gehörten früher den Briten und Dänen. Die Flagge erinnert sehr an die Flagge der Armee der USA. Auf weißem Grund steht der gelbe Seeadler mit ausgebreiteten Schwingen. Er hält einen Lorbeerzweig in der rechten Klaue und drei Speere in der linken. Die Initialen rechts und links stehen für Virgin Islands.

Asien ist der größte Kontinent und umfasst fast 30 % der gesamten Landfläche der Erde. Wenn man seine Inseln und seine Binnenmeere dazurechnet, kommt Asien auf eine Fläche von 44,2 Millionen km². Über 3,5 Milliarden Menschen leben in Asien; das ist mehr als die Hälfte der Weltbevölkerung. Asien grenzt im Westen an Europa, wobei die Grenzziehung unterschiedlich gehandhabt wird. Manchmal findet man die Türkei, Georgien, Armenien und Aserbaidschan zu Europa gehörend. In diesem Buch sind sie im Kapitel Asien zu finden.

Im Grunde muss man diesen riesigen Kontinent aufteilen in Vorderasien, Zentralasien, Nordasien, Ostasien, Südasien und Südostasien. Insgesamt besteht der Kontinent aus 46 unabhängigen, von der UN anerkannten Staaten. Viele vorderasiatische Länder und die Golfstaaten drücken ihre Zugehörigkeit zum arabischen Volk durch die panarabischen Flaggenfarben Schwarz, Weiß und Rot aus. Die Farbe Grün steht für den Islam. In Ost- und Südostasien sind der Buddhismus und auch das Christentum stärker vertreten. Viele Länder in Südostasien wurden durch Frankreich und England kolonialisiert. Erst 1997 wurde die letzte britische Flagge eingeholt – der Inselstaat Hongkong ist jetzt Sonderverwaltungsregion mit einer eigenen Flagge.

ASIEN

Afghanistan

Ldspr.: Afghanistan (Paschtu)
         Afghânestân (Dari)
Engl.: Afghanistan
Franz.: Afghanistan
Span.: Afganistán

Islamische Republik Afghanistan

Hauptstadt: Kabul
Fläche: 652 225 km²
Einwohner: 28 766 000
Sprachen: Paschtu, Dari
Währung: Afghani
Mitglied: UNO

Wirtschaft: Nahrungsmittel und Früchte

Afghanistan hatte wegen seiner wechselvollen Geschichte in den letzten hundert Jahren über 20 verschiedene Flaggen. Die heutige Flagge geht auf das Königreich von 1931 zurück und ist seit dem Sturz der Taliban wieder in Gebrauch. Schwarz steht für die dunkle Vergangenheit, Rot für den Kampf für die Unabhängigkeit und Grün für das Erreichen der Unabhängigkeit. Das Wappen symbolisiert den Islam.

Armenien

Ldspr.: Hayastan
Engl.: Armenia
Franz.: Arménie
Span.: Armenia

Republik Armenien

Hauptstadt: Eriwan
Fläche: 29 743 km²
Einwohner: 3 056 000
Sprache: Armenisch
Währung: Dram

Mitglied: GUS, OSZE, UNO
Wirtschaft: Edelsteine und Halbedelsteine, Metalle

Das rote Band erinnert an den langen blutigen Kampf der Armenier für ihre Unabhängigkeit gegen die türkischen Besatzer. Das blaue Band symbolisiert den weiten Himmel über dem Land und den Charakter des Volkes, das orange Band steht für Mut und Kraft der Bevölkerung. Die Flagge wurde nach der Unabhängigkeit von der Sowjetunion 1991 Staatsflagge.

Aserbaidschan

Republik Aserbaidschan

Hauptstadt: Baku
Fläche: 86 600 km²
Einwohner: 8 233 000
Sprache: Aserbaidschanisch
Währung: Aserbaid.-Manat

Mitglied: GUS, OSZE, UNO
Wirtschaft: Energieträger, Nahrungs- und Genussmittel

Der blaue Streifen versinnbildlicht den Himmel über dem Land, aber auch das Volk der Aser. Rot steht für die Freiheit und Grün für das fruchtbare Land. Der Halbmond und der Stern (sowie die Farbe Grün) sind Symbole des Islam. Die acht Zacken des Sterns stehen für die acht Völker des Landes. Die Flagge wurde nach dem Zerfall der Sowjetunion 1991 wieder eingeführt.

Ldspr.: Azärbaycan
Engl.: Azerbaijan
Franz.: Azerbaïdjan
Span.: Azerbaiyán

Bahrain

Königreich Bahrain

Hauptstadt: Manama
Fläche: 715,9 km²
Einwohner: 712 000
Sprache: Arabisch
Währung: Bahrain-Dinar

Mitglied: UNO
Wirtschaft: Erdöl

Die dominante Farbe Rot war ursprünglich die Farbe der charidjitischen Mohammedaner. Der weiße Streifen, der anfangs nicht gezackt war, wurde auf Anregung der Briten 1820 eingeführt. Bis dahin war die Flagge einfarbig rot gewesen. Seit 2002 ist festgelegt, dass die Linie aus fünf Zacken besteht, die die fünf Säulen des Islam verkörpern.

Ldspr.: Al-Bahrayn
Engl.: Bahrain
Franz.: Bahreïn
Span.: Bahráin

ASIEN

Bangladesch

Ldspr.: Bangladesh
Engl.: Bangladesh
Franz.: Bangladesh
Span.: Bangladesh

Volksrepublik Bangladesch

Hauptstadt: Dhaka
Fläche: 147 570 km²
Einwohner: 138 066 000
Sprache: Bengalisch
Währung: Taka
Mitglied: UNO

Wirtschaft: Kleidung, Strick- und Strumpfwaren

Die grüne Hauptfarbe der Flagge steht für das fruchtbare Land, aber auch für den islamischen Glauben, dem die Mehrheit der Bevölkerung angehört. Der rote Kreis symbolisiert den blutigen Unabhängigkeitskampf gegen die britische Besatzungsmacht in den Dreißigerjahren des 19. Jahrhunderts. Ursprünglich befanden sich im Kreis die Umrisse des Landes in gelber Farbe.

Bhutan

Ldspr.: Druk Yul
Engl.: Bhutan
Franz.: Bhoutan
Span.: Bután

Königreich Bhutan

Hauptstadt: Thimphu
Fläche: 38 394 km²
Einwohner: 874 000
Sprache: Dzongkha
Währung: Ngultrum
Mitglied: UNO

Wirtschaft: Strom, Holz, Kalziumkarbid

Das linke safrangelbe Dreieck steht für die weltliche und religiöse Autorität des Königs. Das rote Dreieck ist dem Buddhismus gewidmet. Der Drache steht für den Namen des Landes „Drachenreich", auf Tibetisch „Druk yul". Die weiße Farbe des Drachen symbolisiert die Loyalität der verschiedenen Völker, außerdem steht sie für Ehrlichkeit. Die Juwelen, die der Drache in seinen Klauen hält, versinnbildlichen Wohlstand und Vollkommenheit.

Brunei Darussalam

Brunei Darussalam

Hauptstadt: Bandar Seri Begawan
Fläche: 5 765 km²
Einwohner: 356 000
Sprache: Malaiisch
Währung: Brunei-Dollar
Mitglied: ASEAN, UNO
Wirtschaft: Erdöl, Ergas und Erzeugnisse daraus, Fertigwaren

Ldspr.: Brunei Darussalam
Engl.: Brunei
Franz.: Brunei
Span.: Brunéi

1906 unterzeichneten drei Würdenträger einen Vertrag mit der britischen Regierung, der die gegenseitigen Rechte und Pflichten regelte: Der Sultan, dessen Farbe Gelb ist, und zwei Wesire, deren Farben Weiß und Schwarz waren. Aus diesen Farben bestand die erste Flagge des Landes. Im Jahr 1959 kam das rote Staatsemblem hinzu, das Gerechtigkeit, Friedenswillen, Wohlfahrt und den Islam verkörpert.

Volksrepublik China

China

Hauptstadt: Peking
Fläche: 9 572 419 km²
Einwohner: 1 295 660 000
Sprache: Chinesisch
Währung: Renminbi Yuan
Mitglied: UNO
Wirtschaft: Textilien, Büromaschinen, Nachrichtentechnik, Elektrotechnik

Ldspr.: Zhonggue
Engl.: China
Franz.: Chine
Span.: China

Rot ist einerseits die Farbe des Kommunismus, aber auch die traditionelle Farbe Chinas und der Han-Chinesen. Der große Stern steht für die kommunistische Partei, während die vier kleinen Sterne die vier Klassen des Volkes repräsentieren: die Arbeiter, die Bauern, das Kleinbürgertum und die patriotischen Kapitalisten. Die Flagge wurde in dieser Form 1949 eingeführt.

ASIEN

Georgien

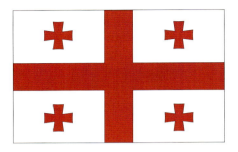

Ldspr.: Sak'art'velo
Engl.: Georgia
Franz.: Géorgie
Span.: Georgia

Georgien

Hauptstadt: Tiflis
Fläche: 69 700 km²
Einwohner: 5 126 000
Sprache: Georgisch
Währung: Lari
Mitglied: GUS, OSZE, UNO
Wirtschaft: Schrott, Wein, Zucker, Kupfer, Gold

Die Flagge mit den fünf Kreuzen stammt bereits aus dem Mittelalter, wo sie die Flagge der georgischen Könige war. Ab 1921 hatte Georgien eine Variante der sowjetischen Flagge, 1999 wurde eine schwarz-weiß-rote Flagge eingeführt, die aber 2004 nach einer Volksrevolution abgeschafft wurde. Die heutige Flagge symbolisiert den verbreiteten georgisch-orthodoxen Glauben der Bevölkerung.

Indien

Ldspr.: Bhurat Ganarujya (Hindi)
Engl.: India
Franz.: Inde
Span.: India (la)

Republik Indien

Hauptstadt: Neu-Delhi
Fläche: 3 287 263 km²
Einwohner: 1 064 399 000
Sprachen: Hindi, Englisch, Nationalsprachen
Währung: Indische Rupie
Mitglied: UNO
Wirtschaft: Edelsteine, Schmuck, Textilien, Bekleidung

Der safrangelbe Streifen verkörpert den Mut und die Opferbereitschaft der Menschen und ist zugleich die Farbe der Hindus und der Sikhs. Weiß steht für Frieden und Wahrheit, Grün für Glauben generell und den Islam. Das Sonnenrad in der Mitte ist blau und verkörpert den Himmel; seine weißen Strahlen symbolisieren die Sonne, ohne die Leben nicht möglich wäre.

Indonesien

Republik Indonesien

Hauptstadt: Jakarta
Fläche: 1 912 988 km²
Einwohner: 214 674 000
Sprache: Indonesisch
Währung: Rupiah
Mitglied: ASEAN, OPEC, UNO

Wirtschaft: Brennstoffe, Öle, Maschinen, Nahrungsmittel

Ldspr.: Indonesia
Engl.: Indonesia
Franz.: Indonésie
Span.: Indonesia

Die Farben Rot und Weiß wurden schon im 13. Jahrhundert verwendet und gelten als die heiligen Farben des Landes. Rot verkörpert das körperliche Leben, Weiß das geistige. Zusammen stehen sie für die Einheit des menschlichen Seins in seiner Zweiheit von Körper und Geist. Die Flagge wurde schon 1945 gehisst, als das Land seine Unabhängigkeit erklärte, die es de facto aber erst 1949 bekam.

Irak

Republik Irak

Hauptstadt: Bagdad
Fläche: 438 317 km²
Einwohner: 24 700 000
Sprache: Arabisch
Währung: Irak-Dinar
Mitglied: OPEC, UNO

Wirtschaft: Rohöl, Landwirtschaft: Weizen, Gerste, Obst, Gemüse, Datteln

Ldspr.: Al Iraq
Engl.: Iraq
Franz.: Iraq
Span.: Iraq

Die Flagge Iraks besteht aus den panarabischen Farben, wobei Rot für Kampfesmut steht, Weiß für Würde und Schwarz für die Siege des Islam. Auch die grüne Farbe der Sterne weist auf den Islam und den Propheten Mohammed hin. Die drei Sterne stehen für Ägypten, Irak und Syrien, die 1963 versucht hatten, eine Vereinigte Arabische Republik zu schaffen, was jedoch misslang.

ASIEN

Iran

Ldspr.: Îrân
Engl.: Iran
Franz.: Iran
Span.: Irán

Islamische Republik Iran

Hauptstadt: Teheran
Fläche: 1 648 000 km²
Einwohner: 66 392 000
Sprache: Persisch
Währung: Rial
Mitglied: OPEC, UNO

Wirtschaft: Erdöl macht 80 % der Exporte aus.

Die Farben Grün, Weiß und Rot sind die traditionellen Farben des Landes. Sie symbolisieren den Islam, Frieden und Tapferkeit. Das Wappen in der Mitte besteht aus vier Halbmonden, die um ein Schwert gruppiert sind. Diese fünf Elemente verkörpern die fünf Grundpflichten des Islam. Die stilisierten Schriftzüge an den Rändern des weißen Bandes sagen 22-mal „Allah ist groß".

Israel

Ldspr.: Yisra'el (Hebräisch)
Engl.: Israel
Franz.: Israël
Span.: Israel

Staat Israel

Hauptstadt: Jerusalem
Fläche: 20 991 km²
Einwohner: 6 688 000
Sprachen: Hebräisch, Arabisch
Währung: Neuer Schekel

Mitglied: UNO
Wirtschaft: Baustoffe, Glas, Keramik, Maschinen, Fahrzeuge

Das weiße Feld verkörpert die Reinheit der zionistischen Ideale. Blau steht für den Himmel. Diese beiden Farben und das Muster mit den Streifen stammen aus dem Gebetsschal der Juden. In der Mitte des weißen Feldes steht der „Schild Davids", der Davidsstern, der schon seit dem Mittelalter jüdisches Symbol ist. Die Flagge wurde 1948 als Nationalflagge eingeführt.

Japan

Japan

Hauptstadt: *Tokio*
Fläche: *377 837 km²*
Einwohner: *127 573 000*
Sprache: *Japanisch*
Währung: *Yen*
Mitglied: *G-8, OECD, UNO*

Wirtschaft: *Kfz und -teile, Maschinen, Elektrotechnik*

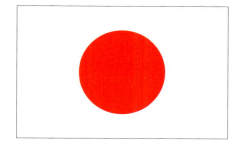

Ldspr.: Nihon/Nippon
Engl.: Japan
Franz.: Japon
Span.: Japón

Der weiße Untergrund der Flagge symbolisiert den Himmel und die Reinheit der Nation. Die karmesinrote Sonnenscheibe steht für Frieden und Wohlstand. Die Farbe Karmesinrot symbolisiert in Japan Aufrichtigkeit und Klarheit des Verstandes. Die Sonne ist schon ein uraltes Symbol in Japan, dessen frühere Kaiser sich als direkte Nachfahren des Sonnengottes sahen.

Republik Jemen

Jemen

Hauptstadt: *Sanaa*
Fläche: *536 869 km²*
Einwohner: *19 173 000*
Sprache: *Arabisch*
Währung: *Jemen-Rial*
Mitglied: *UNO*

Wirtschaft: *Erdöl und Erdölprodukte*

Ldspr.: Al Yaman
Engl.: Yemen
Franz.: Yémen
Span.: Yemen

Die Flagge Jemens besteht aus den panarabischen Farben, die hier folgende Symbolik haben: Rot bezieht sich auf die Revolutionen, die der Norden und der Süden durchleben mussten, um endlich ein geeinter Staat zu werden. Das weiße Band steht für Frieden, Freiheit und Wohlstand, die Ziele des Staates. Schwarz erinnert an die harte Zeit der Teilung. Die Flagge wurde 1990 eingeführt.

ASIEN

Jordanien

Haschemitisches Königreich Jordanien

Hauptstadt: Amman
Fläche: 89 342 km²
Einwohner: 5 308 000
Sprache: Arabisch
Währung: Jordan-Dinar
Mitglied: UNO

Wirtschaft: Bekleidung, chemische Erzeugnisse, Rohstoffe

Ldspr.: Al-Urdun
Engl.: Jordan
Franz.: Jordanie
Span.: Jordania

Die Farben repräsentieren jeweils eine der historischen Kalifenfamilien des Landes: Schwarz steht für die Abbasiden, Weiß steht für die Omajjaden, Grün für die Fatimiden und für Mohammed und Rot für die Haschemiten, von denen angeblich die heutigen Könige abstammen. Der weiße Stern verkörpert die ersten sieben Verse des Koran.

Kambodscha

Königreich Kambodscha

Hauptstadt: Phnom Penh
Fläche: 181 135 km²
Einwohner: 13 404 000
Sprache: Khmer
Währung: Riel
Mitglied: ASEAN, UNO

Wirtschaft: Textilien und Bekleidung, Kautschuk und Holz

Ldspr.: Kâmpuchea
Engl.: Cambodia
Franz.: Cambodge
Span.: Camboya

Blau ist die Farbe des Königs, Rot die des Khmer-Volkes. Das zentrale Staatssymbol zeigt einen stilisierten Tempel von Angkor Wat, der auf die glorreiche Vergangenheit und Tradition des Landes hinweist. Die weiße Farbe, in der der Tempel gehalten ist, steht für den Glauben an den König. Die Flagge wurde 1993 eingeführt.

Kasachstan

Republik Kasachstan

Hauptstadt: Astana
Fläche: 2 717 300 km²
Einwohner: 14 878 000
Sprache: Kasachisch
Währung: Tenge
Mitglied: GUS, OSZE, UNO

Wirtschaft: Erdgas, Erdöl, Metalle, Nahrungsmittel

Blau steht für das Volk der Kasachen, außerdem für Frieden und Wohlstand und den endlosen Himmel, der sich über dem großen Land ausbreitet. Die Sonne und der Steppenadler unter ihr drücken die Freiheitsliebe und die Ideale des kasachischen Volkes aus. Das Nationalornament am Vorliek weist auf die berühmte Ornamentkunst in der Teppichherstellung hin. Die Flagge wurde 1992 eingeführt.

Ldspr.: Qazaqstan Respublikasy
Engl.: Kazakhstan
Franz.: Kazakhstan
Span.: Kazajistán

Katar

Staat Katar

Hauptstadt: Doha
Fläche: 11 437 km²
Einwohner: 624 000
Sprache: Arabisch
Währung: Katar-Riyal
Mitglied: OPEC, UNO

Wirtschaft: Erdöl, Düngemittel

Rot und Weiß sind die traditionellen Farben der Scheichtümer am Persischen Golf. Doch die starke Sonneneinstrahlung sorgt dafür, dass rote Stoffe sich schnell dunkel färben, und daher änderte man den zunächst hellen Rotton in einen Braunton um. Außerdem unterscheidet sich die Flagge dadurch von der Flagge des Königreichs Bahrain. Heute ist die Zahl der Zacken auf neun festgelegt.

Ldspr.: Qatar
Engl.: Qatar
Franz.: Qatar
Span.: Qatar

ASIEN

Kirgisistan

Kirgisische Republik

Ldspr.: Kyrgyz Respublikasy (Kirgisisch)
Engl.: Kyrgyzstan
Franz.: Kirghizistan; le Kirghizstan
Span.: Kirguizistán

Hauptstadt: Bischkek
Fläche: 199 900 km²
Einwohner: 5 052 000
Sprachen: Kirgisisch, Russisch
Währung: Kirgisistan-Som

Mitglied: GUS, OSZE, UNO
Wirtschaft: Edelmetalle, mineralische Produkte, Textilien, Leder

Die Farbe Rot wird dem Nationalhelden Manas zugeordnet, der einst unter einem roten Banner die 40 Stämme der Kirgisen vereint haben soll – auf diese bezieht sich auch die 40-strahlige Sonne im Zentrum der Flagge. Im Körper der Sonne sieht man außerdem das Dach einer Jurte, dem typischen Nomadenzelt der Kirgisen. Bis 1992 war Kirgisistan eine Sowjetrepublik, seit 1992 ist das Land selbstständig und führt die Flagge.

Korea (Dem. VR)

Demokratische Volksrepublik Korea, auch Nordkorea

Ldspr.: Choson
Engl.: North Korea
Franz.: Corée du Nord
Span.: Corea del Norte

Hauptstadt: Pjöngjang
Fläche: 122 762 km²
Einwohner: 22 612 000
Sprache: Koreanisch
Währung: Won

Mitglied: UNO
Wirtschaft: Nahrungsmittel und lebende Tiere, Textilien

Rot steht für die kommunistische Revolution, Blau für die Souveränität des Staates und Weiß für die Homogenität des Volkes, außerdem für Reinheit, Stärke und Würde. Darüber hinaus symbolisieren die blauen Streifen das Japanische und das Gelbe Meer, die Korea zu beiden Seiten einschließen. Bis 1948 hatten Nord- und Südkorea eine gemeinsame Flagge.

Korea (Republik)

Republik Korea, auch Südkorea

Hauptstadt: Seoul
Fläche: 99 313 km²
Einwohner: 47 912 000
Sprache: Koreanisch
Währung: Won
Mitglied: OECD, UNO

Wirtschaft: Nachrichtentechnik, Radio, TV, Straßenfahrzeuge

Weiß steht hier für Frieden. Im Zentrum der Flagge befindet sich das Yin-Yang-Zeichen, das für die sich ergänzenden Gegensätze des Lebens steht (Leben – Tod; Mann – Frau, Tag – Nacht). Die vier Linienpaare (Trigramme) stehen symbolisch für die Elemente: Wasser, Erde, Feuer und Himmel, außerdem verkörpern sie die vier Jahreszeiten und die vier Himmelsrichtungen.

Ldspr.: Han'guk
Engl.: South Korea
Franz.: Corée du Sud
Span.: Corea del Sur

Kuwait

Staat Kuwait

Hauptstadt: Kuwait
Fläche: 17 818 km²
Einwohner: 2 396 000
Sprache: Arabisch
Währung: Kuwait-Dinar
Mitglied: OPEC, UNO

Wirtschaft: 92 % des Exportes entfallen auf Erdöl und -produkte.

Die Flagge Kuwaits besteht aus den panarabischen Farben. Schwarz steht für die Schlachten der Vergangenheit, Grün für die fruchtbaren Weiden des Landes, Weiß verkörpert die Reinheit der Taten in Vergangenheit und Gegenwart und Rot drückt die großartigen Zukunftsaussichten der arabischen Völker aus. Die Flagge wurde 1961 eingeführt.

Ldspr.: Al-Kuwayt
Engl.: Kuwait
Franz.: Koweït
Span.: Kuwait

ASIEN

Laos

Demokratische Volksrepublik Laos

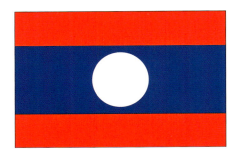

Ldspr.: Sathalanalat Paxathipatai Paxaxon Lao
Engl.: Laos
Franz.: Laos
Span.: Laos

Hauptstadt: Vientiane
Fläche: 236 000 km²
Einwohner: 5 660 000
Sprache: Laotisch
Währung: Kip
Mitglied: ASEAN, UNO

Wirtschaft: Bekleidung, Strom, Holz und -produkte

Die roten Randstreifen verkörpern das Herz und das Blut des laotischen Volkes. Blau symbolisiert Wohlstand und steht für eine leuchtende Zukunft des Landes. Der weiße Kreis steht für den Mond, der Glück bringen soll. Laos war bis 1953 französische Kolonie. Die Flagge wurde 1975 eingeführt, als das Land eine Demokratische Volksrepublik wurde.

Libanon

Libanesische Republik

Ldspr.: Al-Lubnan
Engl.: Lebanon
Franz.: Liban
Span.: Líbano

Hauptstadt: Beirut
Fläche: 10 452 km²
Einwohner: 4 498 000
Sprache: Arabisch
Währung: Libanes. Pfund
Mitglied: UNO

Wirtschaft: Schmuckwaren, Ernährungsgüter, Metalle

Die roten Streifen stehen für die Opferbereitschaft der Bevölkerung, Weiß symbolisiert den Frieden. Der Baum in der Mitte ist eine Zeder, die schon in der Antike ein Symbol für Heiligkeit und Ewigkeit war. Bereits in der Bibel wird die Zeder mit dem Libanon in Verbindung gebracht. Die Flagge wurde in ihrer heutigen Form 1943 zur Unabhängigkeit eingeführt.

Malaysia

Malaysia

Hauptstadt: Kuala Lumpur
Fläche: 329 733 km²
Einwohner: 24 774 000
Sprache: Malaiisch
Währung: Ringit
Mitglied: ASEAN, UNO

Wirtschaft: Elektronische Bauelemente, elektrische Maschinen, Erdöl

Die Flagge Malaysias ist von den „Stars and Stripes" inspiriert; die Farben Rot, Weiß und Blau sind außerdem die Farben der früheren Kolonialmacht Großbritannien. Rot und Weiß sind zudem traditionelle Farben des Landes. Das blaue Feld steht für die Einheit der Völker, Stern und Halbmond sind Embleme des Islam. Die 14 Streifen stehen für die 13 Bundesstaaten und die Zentralregierung.

Ldspr.: Malaysia
Engl.: Malaysia
Franz.: Malaisie
Span.: Malasia

Malediven

Republik Malediven

Hauptstadt: Male
Fläche: 298 km²
Einwohner: 293 000
Sprache: Divehi
Währung: Rufiyaa
Mitglied: UNO

Wirtschaft: Fisch und Fischprodukte; Kleidung

Rot ist schon seit dem 19. Jahrhundert die Flaggenfarbe der seefahrenden Bewohner der Malediven. Heute steht es für das vergossene Blut der Nationalhelden, die für die Unabhängigkeit gekämpft haben. Das Grün steht für den Islam, aber auch für Frieden und Fortschritt. Der Halbmond ist ein Symbol des Islam, dem der Großteil der Bevölkerung angehört.

Ldspr.: Dhivehi Raajje
Engl.: Maldives
Franz.: Maldives
Span.: Maldivas

ASIEN

Mongolei

Ldspr.: Mongol Uls
Engl.: Mongolia
Franz.: Mongolie
Span.: Mongolia

Mongolei

Hauptstadt: *Ulan-Bator*
Fläche: *1 564 100 km²*
Einwohner: *2 480 000*
Sprache: *Mongolisch*
Währung: *Tugrik*
Mitglied: *UNO*

Wirtschaft: *Kupfer, Textilien, Edelmetalle*

Rot, Blau und Gelb sind die traditionellen Farben der Mongolei. Rot symbolisiert die Lebensfreude der Menschen, Blau den Himmel und die Ewigkeit und Gelb steht für unvergängliche Freundschaft. Das Zeichen am Liek heißt Soyombo und ist ein altes Symbol für Frieden und Unabhängigkeit. Von 1945 bis 1992 trug die Flagge außerdem den gelben Stern des Kommunismus.

Myanmar

Ldspr.: Myanma Naingngan
Engl.: Myanmar
Franz.: Birmanie; le Myanmar
Span.: Birmania; Myanmar

Union Myanmar, auch Birma, Burma

Hauptstadt: *Rangun*
Fläche: *676 552 km²*
Einwohner: *49 363 000*
Sprache: *Birmanisch*
Währung: *Kyat*
Mitglied: *ASEAN, UNO*

Wirtschaft: *Erdgas, land- und forstwirtschaftliche Produkte*

Rot steht für den Mut und das Durchhaltevermögen der Bevölkerung, das blaue Viereck an der Gösch repräsentiert den Nachthimmel, der Ruhe und Frieden ausstrahlt. Die Farbe Weiß steht für Reinheit. Die 14 weißen Sterne im blauen Viereck stehen für die 14 Provinzen des Landes, das Zahnrad steht für die Industrie und die Reisähre für Landwirtschaft. Die Flagge wurde 1974 eingeführt.

Nepal

Königreich Nepal

Hauptstadt: Kathmandu
Fläche: 147 181 km²
Einwohner: 24 660 000
Sprache: Nepalesisch
Währung: Nepales. Rupie
Mitglied: UNO

Wirtschaft: Teppiche, Textilien, Bekleidung, Felle und Häute

Die Flagge Nepals ist die einzige nicht rechteckige oder quadratische Nationalflagge der Erde. Die ungewöhnliche Form weist mit den zwei Wipfeln auf die Lage des Landes im Gebirge hin. Rot ist die Farbe Nepals und seiner Nationalblume, des Rhododendron. Der blaue Rand steht für Frieden. Der Stern und der Halbmond im oberen Teil stehen für das Königshaus, die Sonne im unteren Dreieck repräsentiert die Rana-Dynastie. Die Zweiteilung symbolisiert die Hauptreligionen.

Ldspr.: Nepal
Engl.: Nepal
Franz.: Népal
Span.: Nepal

Oman

Sultanat Oman

Hauptstadt: Maskat
Fläche: 309 500 km²
Einwohner: 2 599 000
Sprache: Arabisch
Währung: Rial Omani
Mitglied: UNO

Wirtschaft: Erdöl und Erdgas (80 % der Exporte)

Rot ist die Farbe der charidjitischen Muslime, Weiß symbolisiert Frieden und steht für den Imam, den religiösen Führer im Land. Grün repräsentiert die fruchtbaren Gegenden um den „Grünen Berg". Oben links ist das Staatsemblem abgebildet, das zwei im Gürtel gekreuzte Krummschwerter und einen arabischen Dolch zeigt. Die Flagge wurde zuletzt 1975 verändert.

Ldspr.: Uman
Engl.: Oman
Franz.: Oman
Span.: Omán

ASIEN

Pakistan

Islamische Republik Pakistan

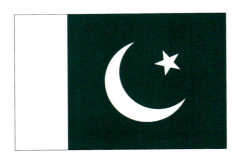

Hauptstadt: Islamabad
Fläche: 796 095 km²
Einwohner: 148 439 000
Sprache: Urdu
Währung: Pakist. Rupie
Mitglied: UNO

Wirtschaft: Textilerzeugnisse, Strickwaren, Bettwäsche, Kleider

Sowohl die Farbe Grün als auch der Halbmond und der Stern sind Symbole des Islam – der die vorherrschende Religion in Pakistan ist. Außerdem steht der Halbmond für Fortschritt und der Stern für Wissen. Der weiße Streifen am Liek repräsentiert die religiösen Minderheiten im Land, vor allem Hindus. Die Flagge wurde 1947 bei der Staatsgründung eingeführt.

Ldspr.: Pakistan
Engl.: Pakistan
Franz.: Pakistan
Span.: Pakistán

Palästinensische Gebiete

Westjordanland und Gaza

Hauptstadt: Ramallah
Fläche: 6 020 km²
Einwohner: 3 367 000
Sprachen: Arabisch, Hebräisch, Englisch
Währung: Israelischer Schekel; Jordan-Dinar

Wirtschaft: Der Dienstleistungssektor ist mit 88 % führend; exportiert wird hauptsächlich nach Israel.

Die palästinensischen Gebiete sind seit 1994 teilautonom; seit 2002 haben sie eine eigene Verfassung. Als Staat sind sie bisher nur von 92 Ländern diplomatisch anerkannt. Seit dem Tod des PLO-Chefs Jassir Arafat gibt es wieder Hoffnung, den ewig währenden Konflikt zu lösen und dem Frieden näher zu kommen. Die Flagge zeigt die panarabischen Farben: Grün für den Islam, Rot für die Opfer der Kämpfe, Schwarz für Trauer und Weiß für Gedenken.

Ldspr.: As-Sulta Al-Wataniyya (Arab.)
Engl.: Palestinian territories
Franz.: Autorité palestinienne
Span.: Autoridad Palestina

Philippinen

Republik der Philippinen

Hauptstadt: Manila
Fläche: 300 000 km²
Einwohner: 81 503 000
Sprache: Filipino
Währung: Philippin. Peso
Mitglied: ASEAN, UNO

Wirtschaft: Elektronik, Elektrotechnik, Kleidung, Maschinen

Die blaue Bahn verkörpert Patriotismus und Idealismus, die rote steht für Tapferkeit. Das weiße Dreieck symbolisiert Reinheit und Frieden. Die drei kleinen Sterne vertreten die drei Hauptregionen des Inselstaates: Luzon, Visayan-Archipel und Mindanao. Die Sonne im Dreieck verweist mit den acht Strahlen auf die acht Provinzen, die sich einst gegen Spanien aufgelehnt hatten.

Ldspr.: Pilipinas
Engl.: Philippines
Franz.: Philippines
Span.: Filipinas

Saudi-Arabien

Königreich Saudi-Arabien

Hauptstadt: Riad
Fläche: 2 240 000 km²
Einwohner: 22 528 000
Sprache: Arabisch
Währung: Saudi Riyal
Mitglied: OPEC, UNO

Wirtschaft: Erdöl und Erdölerzeugnisse, petrochemische Erzeugnisse

Grün ist die Farbe des Islam und die Lieblingsfarbe des Propheten Mohammed. Das Schwert symbolisiert den Kampf und die Verpflichtung der Kämpfer zur Verteidigung der heiligen Stätten des Islam, Mekka und Medina. Der Schriftzug ist das islamische Glaubensbekenntnis: „Es gibt keinen Gott außer Allah und Mohammed ist sein Prophet."

Ldspr.: Al Arabiyah as-Saudiyah
Engl.: Saudi Arabia
Franz.: Arabie saoudite
Span.: Arabia Saudí

ASIEN

Singapur

Ldspr.: Republik Singapura (Malaiisch)
Engl.: Singapore
Franz.: Singapour
Span.: Singapur

Republik Singapur

Hauptstadt: Singapur
Fläche: 682,7 km²
Einwohner: 4 250 000
Sprachen: Malaiisch, Chinesisch, Tamil, Englisch
Währung: Singapur Dollar
Mitglied: ASEAN, UNO
Wirtschaft: Brennstoffe, Büromaschinen, chemische Produkte

Die rote Bahn steht für Gleichheit und Brüderlichkeit. Die weiße Bahn symbolisiert die Reinheit des menschlichen Geistes und ewige Treue. Der Halbmond versinnbildlicht die junge Nation, die am Beginn ihres Aufstiegs steht. Die fünf Sterne symbolisieren die fünf Ideale, die verwirklicht werden sollen: Demokratie, Frieden, Fortschritt, Gerechtigkeit und Gleichstellung.

Sri Lanka

Ldspr.: Sri Lanka (Singhalesisch)
Engl.: Sri Lanka
Franz.: Sri Lanka
Span.: Sri Lanka

Demokratische Sozialistische Republik Sri Lanka

Hauptstadt: Colombo
Fläche: 65 610 km²
Einwohner: 19 232 000
Sprachen: Singhalesisch, Tamil
Währung: Sri-Lanka-Rupie
Mitglied: UNO
Wirtschaft: Verbrauchsgüter, Konsumgüter, Maschinen

Der goldene Löwe ist das historische Symbol des Staates und sein Schwert ist Ausdruck von Autorität und Macht. Die Blätter in den Ecken der roten Fläche gedenken Buddhas. Der grüne Streifen repräsentiert die Muslime, der orange Streifen die hinduistischen Tamilen. Der gelbe Rand der Flagge ehrt den Buddhismus, unter dessen Schutz Sri Lanka steht.

Syrien

Arabische Republik Syrien

Hauptstadt: Damaskus
Fläche: 185 180 km²
Einwohner: 17 384 000
Sprache: Arabisch
Währung: Syrisches Pfund
Mitglied: UNO

Wirtschaft: Brennstoffe, Nahrungsmittel und lebende Tiere

Die Flagge Syriens besteht aus den panarabischen Farben Rot, Weiß, Schwarz und Grün. Rot steht auch für Revolution, Weiß für eine glänzende Zukunft, Schwarz für die Leiden der Vergangenheit. Die beiden grünen Sterne gedenken der Allianz Syriens mit Ägypten, die nur von kurzer Dauer war. Manchmal wird der zweite Stern heute auch dem Irak zugeordnet. Die Flagge besteht seit 1980.

Ldspr.: Suriyah
Engl.: Syria
Franz.: Syrie
Span.: Siria

Tadschikistan

Republik Tadschikistan

Hauptstadt: Duschanbe
Fläche: 143 100 km²
Einwohner: 6 305 000
Sprache: Tadschikisch
Währung: Somoni
Mitglied: GUS, OSZE, UNO

Wirtschaft: Aluminium, Baumwolle, Metallprodukte

Tadschikistan war ab 1953 eine Teilrepublik der UdSSR und hatte eine rote Flagge, die mit nur zwei schmalen weißen, roten und grünen Streifen durchzogen war. Heute repräsentiert Rot den Staat, Weiß die Baumwollproduktion und Grün die Landwirtschaft. Die Krone mit den sieben Sternen symbolisiert die Unabhängigkeit des Landes.

Ldspr.: Todschikiston
Engl.: Tajikistan
Franz.: Tadjikistan
Span.: Tayikistán

ASIEN

Taiwan

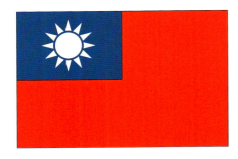

Ldspr.: T'ai-wan
Engl.: Taiwan
Franz.: Taïwan
Span.: Taiwán

China-Republik Taiwan

Hauptstadt: Taipeh
Fläche: 36 006 km²
Einwohner: 22 605 000
Sprache: Chinesisch
Währung: Neuer Taiwan-Dollar

Wirtschaft: Exportiert werden Elektronik, Metalle, Textilprodukte, Kunststoffe, Maschinen, Uhren.

Die VR China betrachtet die Insel als zu China gehörig, Taiwan selbst proklamierte die Republik Taiwan bereits 1912. Die UN schloss die Republik 1971 zugunsten der VR China wieder aus; Taiwan unterhält diplomatische Beziehungen zu 25 Ländern. Die Flagge Taiwans besteht aus einem roten Untergrund, der die Opferbereitschaft und Brüderlichkeit ausdrückt. Der blaue Grund in der Gösch steht für Freiheit und Gerechtigkeit, die weiße Sonne repräsentiert den Fortschritt.

Thailand

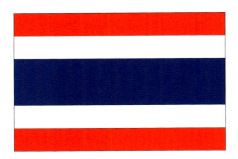

Ldspr.: Prathet Thai/Muang Thai
Engl.: Thailand
Franz.: Thaïlande
Span.: Tailandia

Königreich Thailand

Hauptstadt: Bangkok
Fläche: 513 115 km²
Einwohner: 62 014 000
Sprache: Thailändisch
Währung: Baht
Mitglied: ASEAN, UNO

Wirtschaft: Maschinen und Fahrzeuge, Nahrungsmittel, Rohstoffe

Mitte des 19. Jahrhunderts war die damals rote Flagge mit einem weißen Elefanten geschmückt, seit 1917 weht sie mit roten, weißen und einem blauen Streifen. Rot symbolisiert das Blut, das die Thailänder jederzeit für ihre Freiheit opfern würden, Weiß steht für die Reinheit der buddhistischen Staatsreligion und Blau ist die Farbe des Königshauses.

Timor-Leste

Demokratische Republik Timor-Leste, auch Osttimor

Hauptstadt: Dili
Fläche: 14 604 km²
Einwohner: 877 000
Sprachen: Tetum, Portugiesisch
Währung: US-Dollar
Mitglied: UNO
Wirtschaft: Kaffee ist Hauptexportgut.

1975 erklärte Timor-Leste, oft auch Osttimor genannt, seine Unabhängigkeit von Portugal. Seitdem gibt es diese Flagge, die 2002 ganz leicht verändert wurde und deren Symbolik in der Verfassung des Landes festgeschrieben ist: So steht Rot für den Reichtum, Schwarz für die schlimme Vergangenheit vor der Unabhängigkeit, Gelb für den Unabhängigkeitskampf und Weiß für den Frieden. Der Stern symbolisiert das Licht, das in die Zukunft führt.

Ldspr.: Timór Loro Sa'e (Tetum)
         Timor-Leste (Portugiesisch)
Engl.: East Timor
Franz.: Timor Oriental
Span.: Timor Oriental

Türkei

Republik Türkei

Hauptstadt: Ankara
Fläche: 779 452 km²
Einwohner: 70 712 000
Sprache: Türkisch
Währung: Neue Türk. Lira
Mitglied: NATO, OECD, OSZE, UNO, WEU (ass.)
Wirtschaft: Bekleidung, Textilien, Kfz, Eisen, Gemüse und Früchte

Rot ist die Farbe des Osmanischen Reiches, und schon 1571 verwendete eine osmanische Seeflotte in der Schlacht bei Lepanto eine rote Flagge mit drei Halbmonden. Halbmond und Stern sind traditionelle Symbole des Islam, wobei der Halbmond mit Osman, dem Begründer des Osmanischen Reiches, assoziiert wird und für Glück und Gesundheit steht.

Ldspr.: Türkiye
Engl.: Turkey
Franz.: Turquie
Span.: Turquía

ASIEN

Turkmenistan

Ldspr.: Turkmenistan
Engl.: Turkmenistan
Franz.: Turkménistan
Span.: Turkmenistán

Turkmenistan

Hauptstadt: *Aschgabat*
Fläche: *488 100 km²*
Einwohner: *4 864 000*
Sprache: *Turkmenisch*
Währung: *Manat*
Mitglied: *GUS, OSZE, UNO*

Wirtschaft: *Mineralische Brennstoffe machen 86 % des Exports aus.*

Die Farbe Grün ist die Farbe des Islam und außerdem die traditionelle Farbe der Turktataren. Der Halbmond symbolisiert ebenfalls den Islam, außerdem steht er für den Glauben an die Zukunft. Die Sterne und die fünf Teppichmuster am Liek symbolisieren die fünf Regionen des Landes. Die Farbe Weiß steht für Güte.

Usbekistan

Ldspr.: Ozbekiston
Engl.: Uzbekistan
Franz.: Ouzbékistan
Span.: Uzbekistán

Republik Usbekistan

Hauptstadt: *Taschkent*
Fläche: *447 400 km²*
Einwohner: *25 590 000*
Sprache: *Usbekisch*
Währung: *Usbekistan-Sum*

Mitglied: *GUS, OSZE, UNO*
Wirtschaft: *Baumwollfasern, Energieträger, Eisen- und Buntmetalle*

Der blaue Streifen symbolisiert Wasser und Himmel. Der in Rot eingefasste weiße Streifen ist ein Symbol für Frieden und Reinheit, die roten Einfassungen stehen für die Lebenskraft der Menschen. Der grüne Streifen steht für den Islam und die Natur. Der Neumond steht für den Islam, aber auch die Entstehung des neuen Staates; die Sterne stehen für die Monate des Jahres.

Vereinigte Arabische Emirate

Vereinigte Arabische Emirate

Hauptstadt: Abu Dhabi
Fläche: 77 700 km²
Einwohner: 4 041 000
Sprache: Arabisch
Währung: Dirham
Mitglied: OPEC, UNO

Wirtschaft: Erdöl, Erdgas

Alle Scheichtümer, aus denen 1971 die Vereinigten Arabischen Emirate gebildet wurden, hatten Rot und Weiß als traditionelle Flaggenfarben. Grün kam bei der Gründung der Föderation hinzu und symbolisiert Fruchtbarkeit und den Islam. Schwarz demonstriert den Ölreichtum des Landes. Weiß steht heute auch für die Neutralität des Landes.

Ldspr.: Al Imarat al Arabiyah al Muttahida
Engl.: United Arab Emirates
Franz.: Émirats arabes unis
Span.: Emiratos Árabes Unidos

Sozialistische Republik Vietnam

Vietnam

Hauptstadt: Hanoi
Fläche: 331 114 km²
Einwohner: 81 314 000
Sprache: Vietnamesisch
Währung: Dong
Mitglied: ASEAN, UNO

Wirtschaft: Rohöl, Textilien und Bekleidung, Schuhe

Rot steht für die sozialistische Revolution und die Opfer, die das Volk für sie erbringen musste. Der Stern ist ein Symbol des Kommunismus und repräsentiert mit seinen fünf Zacken die fünf Volksgruppen des sozialistischen Staates: Arbeiter, Bauern, Intellektuelle, die Jugend und die Soldaten. Die Flagge weht seit 1976 über dem wieder vereinten Land.

Ldspr.: Viêt Nam
Engl.: Vietnam
Franz.: Viêt Nam
Span.: Vietnam

AUSTRALIEN / OZEANIEN

Ozeanien ist ein Kontinent im Pazifik mit über 7 500 Inseln, einer Landfläche von 8,5 Millionen km² und 32,6 Millionen Einwohnern. Er besteht aus 14 unabhängigen, von der UN anerkannten Staaten: dem australischen Festland (mit der Insel Tasmanien), Neuseeland, den Inselgruppen Fidschi, Kiribati, Marshall, Mikronesien, Nauru, Palau, Papua-Neuguinea, Salomonen, Samoa, Tonga, Tuvalu und Vanuatu. Dazu kommen zahlreiche Inseln und Inselgruppen, die noch heute Überseeterritorien von Frankreich, Großbritannien oder den USA sind. Der größte Staat ist Australien, der kleinste Nauru. Die größte Stadt ist Sidney mit 4,15 Millionen Einwohnern. 20 % der Wirtschaft Australiens entfallen auf Landwirtschaft; exportiert werden Kohle, Eisenerze, Gold, Zucker, Fisch, Obst, Gemüse und Gewürze.

So unterschiedlich die einzelnen Staaten sind, so verschieden sind auch ihre Bewohner in Herkunft und Volkszugehörigkeit. Der Großteil der Bevölkerung ist europäischer Herkunft, außerdem leben Aborigines, Tasmanier, Papua und melanesische Völker auf den vielen Inseln. Die erste englische Ansiedlung entstand 1788, und der britische Einfluss zeigt sich auch deutlich in den Flaggen von Australien und Neuseeland, aber auch Fidschi und Tuvalu, die den „Union Jack" inkorporiert haben.

AUSTRALIEN/OZEANIEN

Australien

Ldspr.: Australia
Franz.: Australie
Span.: Australia

Australien

Hauptstadt: Canberra
Fläche: 7 692 030 km²
Einwohner: 19 880 000
Sprache: Englisch
Währung: Australischer Dollar
Mitglied: OECD, UNO
Wirtschaft: Erze, Kohle, Metalle, Brennstoffe

Die Flagge Australiens zeigt in der linken Oberecke den „Union Jack" und weist damit deutlich auf die historischen Verbindungen zu Großbritannien hin. Der siebenzackige weiße Stern unterhalb des „Union Jack" repräsentiert die sechs Bundesstaaten und das Nord-Territorium. Die fünf kleineren siebenzackigen Sterne sind in der Form des „Kreuzes des Südens" angeordnet, das auf der südlichen Erdhälfte ein weit verbreitetes Zeichen ist.

Fidschi

Ldspr.: Fiji (Englisch)
Franz.: Iles Fidji
Span.: Fiyi

Republik Fidschi-Inseln

Hauptstadt: Suva
Fläche: 18 376 km²
Einwohner: 835 000
Sprachen: Fidschianisch, Englisch
Währung: Fidschi-Dollar
Mitglied: UNO
Wirtschaft: Getränke, Tabak, Textilien, Schuhe, Nahrungsmittel

Die blaue Fläche symbolisiert den Pazifik; der „Union Jack" deutet auf die historische Bindung an Großbritannien hin. Das Wappen zeigt einen englischen Löwen und darunter vier weiße Felder, die durch das englische Kreuz voneinander getrennt sind. Im Einzelnen sind auf den Feldern Zuckerrohr, Kokospalme, Bananenstaude und Friedenstaube zu sehen.

Französisch-Polynesien

Hauptstadt: Papeete
Fläche: 4 165 km²
Einwohner: 220 000
Sprachen: Französisch, Tahitisch
Währung: CFP-Franc

Zugehörigkeit: Frankreich
Wirtschaft: Exportiert werden Kokosnussöl und Zuchtperlen.

Französisch-Polynesien ist ein „Département d'outre-mer" Frankreichs mit Selbstverwaltung. Es besteht aus fünf Archipelen: den Gesellschaftsinseln (13 Inseln), dem Tuamotu-Archipel (76 Atolle), den Marquesina-Inseln (10 Inseln), den Austral-Inseln (5 Inseln) und den Gambier-Inseln (14 Inseln). Die bekannteste Insel ist Tahiti. In Polynesien weht die französische Trikolore, aber die rot-weiße Flagge der Einheimischen ist anerkannt. Auf der weißen Bahn befindet sich ein Doppelkanu, dahinter die Sonne und darunter das Meer. Die fünf Kreuze stehen für die fünf Archipele.

A-G
Französisch-Polynesien

Ldspr.: Polynésie Française (Franz.)
Engl.: French Polynesia
Span.: Polinesia Francesa

Guam

Hauptstadt: Agana
Fläche: 549 km²
Einwohner: 154 805
Sprache: Englisch, Chamorro
Währung: US-Dollar
Zugehörigkeit: USA

Wirtschaft: Fisch und Süßkartoffeln werden exportiert.

Guam ist die größte Marianeninsel. Sie ist nichtinkorporiertes Territorium der USA und wird von diesen als Marine- und Luftwaffenbasis genutzt. Guam war bis 1898 spanisch, dann trat Spanien es an die USA ab. Die Flagge wird zusammen mit der Flagge der USA gehisst. Dunkelblau steht für den Pazifik, das Oval in der Mitte verkörpert die Steinschleuder der einheimischen Völker. Darin steht eine Kokospalme, die Beharrlichkeit verkörpert. Das Boot ist ein seetüchtiges Kanu, mit dem die Fischer aufs Meer fahren.

Guam

Ldspr.: Guahan (Chamorro)
Engl.: Guam
Franz.: Guam
Span.: Guam

AUSTRALIEN/OZEANIEN

Kiribati

Republik Kiribati

Ldspr.: Kiribati (Englisch)
Franz.: Kiribati
Span.: Kiribati

Hauptstadt: Bairiki
Fläche: 810,5 km²
Einwohner: 96 000
Sprachen: Gilbertesisch, Englisch

Währung: Australischer Dollar
Mitglied: UNO
Wirtschaft: hauptsächlich Fisch und Fischprodukte

Die weiß-blauen Wellenlinien symbolisieren den Pazifischen Ozean. Die aufgehende Sonne steht für eine glänzende Zukunft des Landes. Der Fregattvogel ist der Nationalvogel Kiribatis und symbolisiert Stärke und Freiheit. Die Flagge basiert auf dem Nationalwappen von 1937 und besteht in dieser Form seit der Unabhängigkeit 1979.

Marshallinseln

Republik Marshallinseln

Ldspr.: Marshall Islands
Franz.: Iles Marshall
Span.: Islas Marshall

Hauptstadt: Dalap-Uliga-Darrit
Fläche: 181,3 km²
Einwohner: 53 000
Sprache: Englisch
Währung: US-Dollar
Mitglied: UNO

Wirtschaft: Export von Fisch, v. a. in die USA

Der blaue Untergrund symbolisiert den Pazifik. Der orange Streifen steht für Wohlstand und Lebensmut, der weiße für die heitere Lebensart der Bevölkerung. Zusammen stellen sie außerdem den Äquator dar. Der 24-strahlige Stern weist auf die 24 Gemeinden hin, die längeren horizontalen und vertikalen Streifen bilden ein Kreuz, das für den christlichen Glauben der Bevölkerung steht.

Mikronesien

Föderierte Staaten von Mikronesien

Hauptstadt: Kolonic
Fläche: 700 km²
Einwohner: 125 000
Sprache: Englisch
Währung: US-Dollar
Mitglied: UNO

Wirtschaft: 92 % der exportierten Waren sind Fisch.

Ldspr.: Federated States of Micronesia
Franz.: Micronésie
Span.: Micronesia

Die blaue Farbe des Untergrundes symbolisiert den Pazifik und ist zugleich das Blau der UNO-Flagge, unter deren Verwaltung das Inselreich jahrzehntelang stand. Die vier Sterne verkörpern die vier Inselgruppen Chuuk, Kosrae, Pohnpei und Yap. Mikronesien erlangte 1979 Unabhängigkeit, die Flagge weht schon seit 1978.

Nauru

Republik Nauru

Hauptstadt: Yaren
Fläche: 21,3 km²
Einwohner: 13 000
Sprachen: Nauruisch, Englisch
Währung: Australischer Dollar

Mitglied: UNO
Wirtschaft: 27 Mio. Dollar Import stehen nur 9 Mio. Dollar Export gegenüber.

Ldspr.: Naoero (Nauruisch)
Engl.: Nauru
Franz.: Nauru
Span.: Nauru

Die Flagge spiegelt die Lage des Landes wider: Der weiße Stern steht für die Insel Nauru, die unmittelbar südlich vom Äquator (gelbe Linie) liegt und inmitten des Pazifik (blauer Grund). Der Stern hat zwölf Zacken und jeder steht für einen der Volksstämme. Von 1947 bis 1968 wurde die Insel von Australien, Großbritannien und Neuseeland verwaltet, dann wurde sie unabhängig.

AUSTRALIEN/OZEANIEN

Neuseeland

Neuseeland

Ldspr.: New Zealand (Englisch)
Franz.: Nouvelle-Zélande
Span.: Nueva Zelanda

Hauptstadt: *Wellington*
Fläche: *270 534 km²*
Einwohner: *4 009 000*
Sprachen: *Englisch, Maori*
Währung: *Neuseeland-Dollar*
Mitglied: *OECD, UNO*
Wirtschaft: *Fisch, Meeresfrüchte, tierische Produkte, Holz*

Der britische „Union Jack" in der linken Oberecke zeugt von den engen Bindungen Neuseelands zu Großbritannien. Die vier Sterne (in drei verschiedenen Größen) sind in der Stellung des „Kreuzes des Südens" angeordnet und symbolisieren die Lage der Doppelinsel im Pazifik. Die Flagge wurde 1902 offiziell eingeführt.

Palau

Republik Palau

Ldspr.: Belau (Palauisch)
Engl.: Palau
Franz.: Belau; Palau
Span.: Palaos

Hauptstadt: *Koror*
Fläche: *508 km²*
Einwohner: *20 000*
Sprachen: *Palauisch, Englisch*
Währung: *US-Dollar*
Mitglied: *UNO*
Wirtschaft: *Fisch, Muscheln und Kokosnüsse*

Palau wurde 1981 eine Republik und seitdem weht auch die Flagge mit dem schlichten Design über der Insel. Blau symbolisiert natürlich das Wasser und den Himmel, während die goldene Scheibe den Mond darstellt, dem eine besonders große Bedeutung zukommt. Für die Einheimischen steht der Vollmond für Aktivitäten und Unternehmungen, aber auch für Ruhe, Frieden und Liebe.

Papua-Neuguinea

Unabhängiger Staat Papua-Neuguinea

Hauptstadt: Port Moresby
Fläche: 462 840 km²
Einwohner: 5 502 000
Sprachen: Englisch, Tok Pisin (Pidgin-Englisch), Hiri Motu
Währung: Kina
Mitglied: UNO
Wirtschaft: Gold, Kupfer, Erdöl

Rot und Schwarz sind die dominierenden Farben der Kunst und Folklore. Auch die Federn des Paradiesvogels spielen bei Zeremonien eine große Rolle; außerdem stehen sie für Frieden und Einheit. Das stilisierte „Kreuz des Südens" weist auf die geografische Lage und die Verbundenheit mit anderen pazifischen Ländern hin. Die Flagge wurde 1971 eingeführt und nach Erreichung der Unabhängigkeit 1975 behalten.

Ldspr.: Papua New Guinea (Englisch)
Franz.: Papouasie-Nouvelle-Guinée
Span.: Papúa-Nueva Guinea

Salomonen

Salomonen

Hauptstadt: Honiara
Fläche: 27 556 km²
Einwohner: 457 000
Sprache: Englisch
Währung: Salomonen-Dollar
Mitglied: UNO
Wirtschaft: Bauholz, Nutzholz, Fisch, Palmöl

Das obere Dreieck der Flagge symbolisiert den Südpazifik, aus dem die Salomonen herausragen – die fünf Sterne stehen für die fünf größten Inselgruppen. Das grüne Dreieck verkörpert die dichten Wälder des Archipels. Der gelbe Streifen verweist auf die Sonne, die über allen Inseln scheint. Die Flagge wurde 1977 eingeführt, 1987 wurden die Salomonen unabhängig.

Ldspr.: Solomon Islands
Franz.: Iles Salomon
Span.: Islas Salomón

AUSTRALIEN/OZEANIEN

Samoa

Unabhängiger Staat Samoa

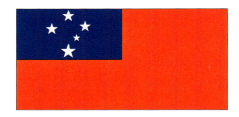

Hauptstadt: Apia
Fläche: 2 831 km²
Einwohner: 178 000
Sprachen: Samoanisch, Englisch
Währung: Tala
Mitglied: UNO

Wirtschaft: Fischprodukte; Hauptabnehmer ist Australien.

Ldspr.: Samoa (Englisch)
Franz.: Samoa
Span.: Samoa

Die Farbe Rot steht für Mut, Blau für Freiheit und Weiß für Reinheit. Das Sternenbild in der blauen oberen Ecke wurde von der Flagge Neuseelands übernommen und steht für die Lage des Inselstaates im südlichen Pazifik. Die Anordnung der Sterne zeigt das „Kreuz des Südens". Die heutige Flagge wurde 1949 eingeführt.

Tonga

Königreich Tonga

Hauptstadt: Nuku'alofa
Fläche: 748 km²
Einwohner: 102 000
Sprache: Tongaisch
Währung: Pa'anga
Mitglied: UNO

Wirtschaft: Hauptexportware sind Nahrungsmittel.

Ldspr.: Tonga
Engl.: Tonga
Franz.: Tonga
Span.: Tonga

Das schwebende Kreuz symbolisiert das Christentum, zu dem sich die Inselbewohner bekennen.
Die Farbe Rot steht für das Blut, das Jesus Christus vergießen musste, um die Menschheit zu erlösen. Die weiße Farbe symbolisiert Reinheit. Schon 1862 wurde der damalige König von englischen Missionaren zum Christentum bekehrt. Die Flagge besteht seit 1866.

Tuvalu

Tuvalu

Hauptstadt: Funafuti
Fläche: 26 km²
Einwohner: 11 500
Sprache: Tuvaluisch, Englisch
Währung: Australischer Dollar

Mitglied: UNO
Wirtschaft: Hauptexportware ist Fisch.

Tuvalu wurde 1978 unabhängig von Großbritannien. Seitdem besteht auch die Flagge in der gezeigten Form. Der blaue Grund stellt den Pazifik dar, die neun gelben Sterne zeigen die neun Inseln des Staates, die tatsächlich in etwa dieser Form angeordnet sind. Der „Union Jack" in der oberen linken Ecke drückt die Verbundenheit zur ehemaligen Kolonialmacht aus.

Ldspr.: Tuvalu (Englisch)
Franz.: Tuvalu
Span.: Tuvalu

Vanuatu

Republik Vanuatu

Hauptstadt: Port Vila
Fläche: 12 190 km²
Einwohner: 210 000
Sprachen: Bislama, Englisch, Französisch
Währung: Vatu

Mitglied: UNO
Wirtschaft: Export von Holz und Rindfleisch

Die rote Flaggenbahn symbolisiert das Blut der Bevölkerung, aber auch die Kraft der Bräuche. Grün steht für die Inseln und ihre Fruchtbarkeit, Schwarz für die Bevölkerung.
Das gelbe „Y" weist stark stilisiert auf die Lage der Inseln zueinander hin. Gelb symbolisiert Frieden und das Licht des Christentums. Im schwarzen Feld sieht man das Nationalemblem, den Eckzahn eines Ebers, der Macht verkörpert, und zwei Zweige der Namele-Pflanze, die für Frieden steht.

Ldspr.: Vanuatu (Bislama)
Engl.: Vanuatu
Franz.: Vanuatu
Span.: Vanuatu

INTERNATIONALE

ARABISCHE LIGA

ARABISCHE LIGA

Gründung: 1945
Aufgaben/Ziele: Verbesserung der Beziehungen der Mitgliedstaaten in Hinblick auf Politik, Kultur, Soziales und Wirtschaft.
Mitglieder: 22
Flagge: Die Flaggenfarbe Grün steht für den Islam. Der weiße Halbmond im Zentrum der Flagge ist ebenfalls ein Symbol des Islam. Über dem Mond steht der Name der Liga in arabischer Schrift. Umgeben sind Halbmond und Schriftzug von einer Kette, die Stärke und Einheit symbolisiert. Ein Lorbeerkranz rahmt die Kette ein; er steht für Frieden und Sicherheit.

EU – Europäische Union

European Union

Gründung: 1952/1958
Aufgaben/Ziele: Wirtschaftliche Zusammenarbeit; Währungsunion, gemeinsame Außen- und Sicherheitspolitik.
Mitglieder: 25
Flagge: Die blaue Flagge mit dem Kreis aus Sternen wurde 1955 durch den Europarat eingeführt. Die Europäische Union, die den Europarat ablöste, übernahm die Flagge 1986. Eigentlich sollte jedes Mitgliedsland mit einem Stern vertreten sein; da es inzwischen aber 25 Länder sind, blieb man bei der ursprünglichen Variante mit zwölf Sternen für zwölf Gründungsländer.

IKRK

Internationales Komitee vom Roten Kreuz

Gründung: 1863
Aufgaben/Ziele: Förderung des humanitären Völkerrechts; Schutz und Hilfe für Kriegsopfer; Überwachung der Einhaltung der Genfer Abkommen.
Mitglieder: Das Komitee besteht aus höchstens 25 Schweizer Bürgern.
Flagge: Da die Organisation in der Schweiz gegründet wurde, hat man die Landesflagge einfach farbig umgekehrt, um das Land zu ehren. Es gibt übrigens in muslimischen Ländern seit 1876 eine ähnliche Flagge: Sie zeigt einen roten Halbmond.

ORGANISATIONEN

NATO – Organisation des Nordatlantikvertrags

North Atlantic Treaty Organization

Gründung: 1949
Aufgaben/Ziele:
Die NATO wurde 1949 in Washington zwischen 12 Staaten Westeuropas und Nordamerikas als Sicherheitsbündnis gegründet. Ziele sind die Zusammenarbeit auf politischem, wirtschaftlichem und militärischem Gebiet zur Erhaltung des Friedens und Bewältigung von Krisen.

Mitglieder: 26
Flagge: Die Flagge der NATO wurde 1953 eingeführt. Der blaue Grund steht für den Atlantischen Ozean, der Kreis für die Einheit und die Nadeln der Kompassrose drücken das Hauptziel der Mitgliedsländer aus: Frieden.

Olympia

Die wohl auf der ganzen Welt bekannte Flagge wurde 1914 von einem Franzosen entworfen. Der weiße Untergrund steht für den friedlichen und brüderlichen Umgang der Menschen miteinander und für Fairness in den Wettkämpfen. Jeder der farbigen Ringe steht für einen Kontinent: Blau für Europa, Schwarz für Afrika, Rot für Amerika, Gelb für Asien und Grün für Australien. In jeder Nationalflagge findet sich mindestens eine dieser Farben wieder.

UN – Vereinte Nationen

United Nations

Gründung: 1945
Aufgaben/Ziele:
Wahrung des Weltfriedens; Achtung der Menschenrechte; internationale Zusammenarbeit auf wirtschaftlichem, kulturellem, sozialem, humanitärem und umweltpolitischem Gebiet. Die UN sind die größte und einflussreichste Organisation der Welt.
Flagge: Die Flagge der UN wurde 1947 eingeführt. Sie ist hellblau und zeigt eine stilisierte Weltkarte, die rechts und links von Olivenzweigen eingerahmt ist. Blau und die Olivenzweige stehen für Weltfrieden.

Glossar

Andreaskreuz – ein schräges, meist bis zu den Rändern reichendes Kreuz.

Banner – eine Fahne, die an einer quer liegenden Stange angebracht ist.

Bikolore – zweifarbige Flagge, deren Feld horizontal, vertikal oder diagonal in zwei gleich große Teile geteilt ist.

Breitwimpel – nach außen schmal zulaufende Flagge; häufig auf See verwendet.

Dienstflagge – eine Sonderform der Nationalflagge, die von den Behörden des Landes verwendet wird. Hat meistens ein Wappen.

Fahne – eine Fahne ist fest an einer Stange angebracht und ist nicht nur Symbol für einen Staat, sondern kann selbst Gegenstand der Ehrerbietung werden.

Feld – die gesamte Fläche einer Flagge.

Flagge – die Flagge wird mithilfe einer Leine gehisst und niedergeholt. Die Nationalflaggen stehen für den jeweiligen Staat.

Flaggengala – Ausschmückung eines Schiffs mit Signalflaggen und Wimpeln.

Flaggengruß – ein international üblicher Höflichkeitsakt der Handelsschiffe gegenüber Kriegsschiffen: ein- oder mehrmaliges Dippen der Flagge.

Flaggenmast – Mast aus Holz, Metall oder Fiberglas, an dem Flaggen gehisst werden.

Flaggenparade – das Hissen einer Flagge morgens und das Niederholen bei Sonnenuntergang in Verbindung mit Ehrenbezeigungen.

Fliegendes Ende, auch Flugseite genannt – das Ende der Flagge, das nicht am Mast liegt. Bei Darstellungen ist diese Hälfte immer rechts.

Georgskreuz – ein zentralisiertes Kreuz, das bis zum Rand reicht und aus einem horizontalen und einem vertikalen Balken besteht.

Gösch – die linke Oberecke in der Flagge. Ursprünglich die Bugflagge von im Hafen liegenden Kriegsschiffen.

Handelsflagge – die Flagge, die die Nationalität der Handels- und Privatschiffe ausdrückt.

Heraldik – die Wappenkunde.

Liek – die Hälfte der Flagge, die am Mast oder der Stange liegt.

Panafrikanische Farben – Grün, Gelb und Rot. Sie gehen auf die Flagge von Äthiopien zurück.

Panarabische Farben – Schwarz, Weiß, Grün und Rot. Sie gehen auf die Farben Jordaniens zurück.

Panslawische Farben – Weiß, Blau und Rot. Sie basieren auf der Flagge von Russland.

Schwebendes Kreuz – ein gerades oder diagonales Kreuz, dessen Balken nicht bis zu den Rändern reichen.

Skandinavisches Kreuz – ein Kreuz, das in Richtung Liek versetzt ist.

Staatsflagge – eine geschmückte Variante der Nationalflagge; darf nur für Dienstzwecke verwendet werden.

Standarte – Flagge eines Staatsoberhauptes.

Stander – dreieckige Flaggen, die überwiegend vom Militär genutzt werden.

Stars and Stripes – die Flagge der USA.

Trikolore – dreifarbige Flagge, deren Feld horizontal, vertikal oder diagonal in drei gleich große Teile geteilt ist.

Union Jack – die Nationalflagge Großbritanniens mit dem Georgs-, Andreas- und Patrickskreuz.

Vexillologie – Fahnen- und Flaggenkunde

Vorliek – die Seite, die dem Mast zugewandt ist; in Darstellungen immer die linke Seite der Flagge.

Wappen – es gibt Familienwappen, Stadtwappen und Staatswappen. Sie sind meist schildförmig umrandete Zeichen. Die meisten Staaten haben nicht nur eine Nationalflagge, sondern auch ein Wappen.

Wimpel – eine kleine, dreieckige Flagge

Index

A
Afghanistan	110
Ägypten	50
Albanien	16
Algerien	50
Amerika und die Bundesstaaten	103
Andorra	16
Angola	51
Anguilla	80
Antigua und Barbuda	80
Äquatorialguinea	51
ARABISCHE LIGA	144
Argentinien	81
Armenien	110
Aruba	81
Aserbaidschan	111
Äthiopien	52
Australien	136

B
Bahamas	82
Bahrain	111
Bangladesh	112
Barbados	82
Belgien	17
Belize	83
Benin	52
Bermuda	83
Bhutan	112
Bolivien	84
Bosnien-Herzegowina	17
Botsuana	53
Brasilien	84
British Virgin Islands	85
Brunei Darussalam	113
Bulgarien	18
Burkina Faso	53
Burundi	54

C
Chile	85
China	113
Costa Rica	86

D
Dänemark	18
Deutschland	19
Deutschland und die Bundesländer	20
Dominica	86
Dominikanische Republik	87
Dschibuti	54

E
Ecuador	87
El Salvador	88
Elfenbeinküste	55
Eritrea	55
Estland	24
EU – Europäische Union	144

F
Falkland-Inseln	88
Färöer	24
Fidschi	136
Finnland	25
Frankreich	25
Französisch-Guyana	89
Französisch-Polynesien	137

G
Gabun	56
Gambia	56
Georgien	114
Ghana	57
Gibraltar	26
Grenada	89
Griechenland	26
Grönland	27
Großbritannien	27
Guadeloupe	90
Guam	137
Guatemala	90
Guinea	57
Guinea-Bissau	58
Guyana	91

H
Haiti	91
Honduras	92

I
IKRK – Internationales Komitee vom Roten Kreuz	144
Indien	114
Indonesien	115
Irak	115
Iran	116
Irland	28
Island	28
Israel	116
Italien	29

J
Jamaika	92
Japan	117
Jemen	117
Jordanien	118

K
Kaimaninseln	93
Kambodscha	118
Kamerun	58
Kanada	93
Kap Verde	59
Kasachstan	119
Katar	119
Kenia	59
Kirgisistan	120
Kiribati	138
Kolumbien	94
Komoren	60
Kongo (Dem. Republik)	60
Kongo (Republik)	61
Korea (Dem. VR)	120
Korea (Republik)	121
Kroatien	29
Kuba	94
Kuwait	121

L
Laos	122
Lesotho	61
Lettland	30
Libanon	122
Liberia	62
Libyen	62
Liechtenstein	30
Litauen	31
Luxemburg	31

M
Madagaskar	63
Malawi	63
Malaysia	123
Malediven	123
Mali	64
Malta	32
Marokko	64
Marshallinseln	138
Mauretanien	65
Mauritius	65
Mazedonien	32
Mexiko	95
Mikronesien	139

Index

Moldawien	33	
Monaco	33	
Mongolei	124	
Montenegro	34	
Montserrat	95	
Mosambik	66	
Myanmar	124	

N
Namibia	66
NATO– Organisation des Nordatlantikvertrags	145
Nauru	139
Nepal	125
Neuseeland	140
Nicaragua	96
Niederlande	34
Niederländische Antillen	96
Niger	67
Nigeria	67
Nordirland	27
Norwegen	35

O
Österreich	35
Österreich und die Bundesländer	36
Olympia	145
Oman	125

P
Pakistan	126
Palästinensische Gebiete	126
Palau	140
Panama	97
Papua-Neuguinea	141
Paraguay	97
Peru	98
Philippinen	127
Polen	37
Portugal	37
Puerto Rico	98

R
Réunion	68
Ruanda	68
Rumänien	38
Russland	38

S
Salomonen	141
Sambia	69
Samoa	142
San Marino	39
São Tomé und Príncipe	69
Saudi-Arabien	127
Schweden	39
Schweiz	40
Schweiz und die Kantone	40
Senegal	70
Serbien	43
Seychellen	70
Sierra Leone	71
Simbabwe	71
Singapur	128
Slowakei	43
Slowenien	44
Somalia	72
Spanien	44
Sri Lanka	128
St. Helena	72
St. Kitts und Nevis	99
St. Lucia	99
St. Vincent und Grenadinen	100
Südafrika	73
Sudan	73
Suriname	100
Swasiland	74
Syrien	129

T
Tadschikistan	129
Taiwan	130
Tansania	74
Thailand	130
Timor-Leste	131
Togo	75
Tonga	142
Trinidad und Tobago	101
Tschad	75
Tschechien	45
Tunesien	76
Türkei	131
Turkmenistan	132
Turks- und Caicos-Inseln	101
Tuvalu	143

U
Uganda	76
Ukraine	45
UN – Vereinte Nationen	145
Ungarn	46
Uruguay	102
Usbekistan	132

V
Vanuatu	143
Vatikanstadt	46
Venezuela	102
Vereinigte Arabische Emirate	133
Vereinigte Staaten von Amerika	103
Vietnam	133
Virgin Islands	107

W
Weißrussland	47
Westsahara	77

Z
Zentralafrika	77
Zypern	47

© 2006 SAMMÜLLER KREATIV GmbH

Genehmigte Lizenzausgabe
EDITION XXL GmbH
Fränkisch-Crumbach 2008
www.edition-xxl.de

Layout, Satz und Umschlaggestaltung:
SAMMÜLLER KREATIV GmbH
Produktion: Palmamedia s.l.

ISBN (13) 978-3-89736-710-4
ISBN (10) 3-89736-710-6

Der Inhalt dieses Buches wurde von Autor und Verlag sorgfältig erwogen und geprüft. Es kann keine Haftung für Personen-, Sach- und/oder Vermögensschäden übernommen werden.

Kein Teil dieses Werkes darf ohne schriftliche Einwilligung des Verlages in irgendeiner Form (inkl. Fotokopien, Mikroverfilmung oder anderer Verfahren) reproduziert oder unter Verwendung elektronischer oder mechanischer Systeme verarbeitet, vervielfältigt oder verbreitet werden.